D1687405

# Bay Networks
# Gigabit Ethernet Guide

# Bay Networks
# Gigabit Ethernet Guide

Mathias Hein/Wolfgang Kemmler

Die Deutsche Bibliothek – CIP-Einheitsaufnahme

**Hein, Mathias:**
Bay Networks Gigabit Ethernet Guide/
Mathias Hein, Wolfgang Kemmler. – 1. Aufl. –
Köln: FOSSIL-Verlag 1998 (Fossil Edition Netze)
ISBN 3-931959-15-5
**NE: Kemmler, Wolfgang**

Hinweis

Die Erläuterungen zum 802.3z und 8702.3ab-Standard in diesem Buch basieren auf den diesbezüglichen „Draft"-Papieren Vers. 3.3 bzw. 1.1. Es ist damit zu rechnen, daß es in Details, vor allem beim 802.3ab-1000BaseT-Standard zu Änderungen kommt.

ISBN 3-931959-15-5

1. Aufl. 1998

© 1998 by FOSSIL-Verlag GmbH

Hartwichstraße 101

D-50733 Köln

Telefon +49(0)221 72 62 96

Telefax +49(0)221 72 60 67

e-mail: fossil@netcologne.de

Die Informationen in diesem Buch wurden mit größtmöglicher Sorgfalt erarbeitet. Verlag, Herausgeber und Redaktion übernehmen jedoch keine juristische Verantwortung oder irgendeine Haftung für evtl. verbliebene fehlerhafte Angaben und deren Folgen.

Alle Rechte, auch die der Übersetzung, vorbehalten. Kein Teil des Werkes darf in irgendeiner Form (Druck, Fotokopie, Mikrofilm oder andere Verfahren) ohne schriftliche Genehmigung reproduziert oder unter Verwendung elektronischer Systeme verarbeitet, vervielfältigt oder verbreitet werden. Alle Warennamen werden ohne Gewährleistung der freien Verwendbarkeit benutzt und sind möglicherweise eingetragene Warenzeichen.

## Vorwort
## Die Zukunft ist bereits heute Realität

Die verschiedenen Netztechnologien nähern sich mit zunehmender Geschwindigkeit einander an. Heute werden in unternehmensweiten Netzen immer häufiger datenintensive Internet-Applikationen in Kombination mit traditionellen Anwendungen eingesetzt. Diese Entwicklung führt in der Regel zur Überlastung der Netzinfrastruktur. Die Bereitstellung standardisierter Informationen und die Verfügbarkeit neuer Anwendungen steigert die Produktivität der Anwender erheblich. Dieser Trend hat aber zur Folge, daß die Netzinfrastruktur folgende Anforderungen erfüllen muß: Stabilität, hohe Performance und Übertragung unterschiedlicher Informationsströme (Daten, Sprach- und Videoapplikationen). Unternehmen müssen auf die aktuellen Trends reagieren und neue Technologien in ihr Netzwerk integrieren. Um die Anforderungen an eine höhere Netzleistung und die Integration neuer Technologien zu erfüllen, hat Bay Networks das Konzept des „Adaptive Networking" entwickelt. Dieser Lösungsansatz, in Kombination mit der Markteinführung neuer Produkte, bietet Netzbetreibern größte Flexibilität in allen Bereichen des Netzwerks.

Die Adaptive Networking-Lösung von Bay Networks basiert auf einem intelligenten Netzwerk, das dem Anwender einen störungsfreien, langfristigen Ausbau des Netzes gewährleistet. Mit dieser Strategie wendet sich Bay Networks radikal von den bisherigen, konventionellen Designansätzen ab und schützt durch neue Ideen und Produkte sämtliche Investitionen, die ein Unternehmen bereits in seine bestehende Infrastruktur getätigt hat. Web-basierende Applikationen bewirken eine drastische Zunahme des Datenverkehrs im Netz. Dies liegt vor allem an der Größe der Web-Pages. Eine HTML-Seite besteht im Durchschnitt aus 5 000 Bytes, während Multimedia-Seiten häufig um die 100 000 Bytes umfassen. Dies führt zu einer dramatischen Steigerung der Netzlast und beeinflußt die Antwortzeiten. Ein Großteil des Datenverkehrs wird nicht mehr ausschließlich im lokalen Netz übermittelt. Die Informationen werden netz- beziehungsweise subnetzübergreifend transportiert. Dadurch erhöht sich die Komplexität des Netzes und eine vernünftige Ressourcenplanung wird erschwert. Um nicht nur den erwarteten Anstieg des Datenverkehrsvolumens in den Griff zu bekommen, sondern um auch den sich kontinuierlich verändernden Verkehrsmustern zu begegnen, bildet Adaptive Networking eine unverzichtbare Ressource für ein kontrolliertes Wachstum.

Bay Networks hat auf die Anforderungen mit der Entwicklung eines vollständigen Produktsortiments reagiert.

Dabei wurden grundlegende Prinzipien berücksichtigt:

◆ Das Netzwerk muß problemlos an die neuen Applikationen anzupassen sein.
◆ Verteilte Architekturen arbeiten zuverlässiger und sicherer als zentral aufgebaute Systeme.
◆ Die Kontrolle und die Intelligenz müssen über das gesamte Netzwerk verteilt werden, um ein Höchstmaß an Effizienz zu erreichen.

Adaptive Networking gibt den Netzbetreibern und Unternehmen Sicherheit für die Zukunft. Die den Bay Networks-Produkten zugrundeliegende Architektur verändert den administrativen und organisatorischen Ansatz traditioneller Systeme. Die Netze passen sich dynamisch dem Wachstum und den sich verändernden Anforderungen der Unternehmen und Geschäftsabläufe an. Durch das Komplettangebot einer leistungsstarken Ende-zu-Ende-Lösung werden die Vorteile eines Gesamtkonzepts erstmalig in deutliche geschäftliche Vorteile umgesetzt und somit zum festen Bestandteil der neuen Kommunikationsphilosophie. Mit der Verfügbarkeit der neuen Accelar-Produktlinie hat Bay Networks auf die globalen Veränderungsprozesse in der IT-Industrie reagiert und bietet als eines der ersten Unternehmen weltweit eine komplette Gigabit-Ethernet-Switching-Lösung an. Bay Networks beschreitet damit Neuland auf dem Weg zu IP-optimierten Netzstrukturen.

*Mathias Hein*
*Marketing Manager*
*Bay Networks Deutschland GmbH*

# Inhaltsverzeichnis

Vorwort ............................................................................................................. 5

Gigabit-Ethernet – jetzt wird's sogar auf der Glasfaser eng... ................ 15

    Auslastungsgrade ...................................................................................... 15

    Backbone ..................................................................................................... 16

    Standardisierung ....................................................................................... 17

    Ethernet-Switches ..................................................................................... 17

    CSMA/CD-Verfahren ................................................................................ 17

    Full Duplex ................................................................................................. 18

    Trellis-Codierung ...................................................................................... 19

    Gigabit-Ethernet Media Access Frames ................................................ 19

    Kollisionserkennung bei Gigabit ............................................................ 20

    Frame Extensions ...................................................................................... 20

    Burst Frames .............................................................................................. 21

    Gigabit Media Independent Interface (GMII) ...................................... 22

    Autonegotiation vom Typ 1000BaseX .................................................. 22

    Physikalische Übertragungsschicht ....................................................... 23

    Run Length Limited ................................................................................. 24

    Symbole ...................................................................................................... 24

    Übertragungsmedien für Gigabit-Ethernet .......................................... 25

    Wellenlängen ............................................................................................. 26

    Bandweiten-Längenprodukt ................................................................... 27

    Monomode-Fasern ................................................................................... 28

    Stecker ........................................................................................................ 28

    Twinax-Kabel ............................................................................................ 28

    Ausblick ...................................................................................................... 30

## Gigaspeed auf UTP – eine Revolution auf verdrilltem Kupferdraht    31

    Parallelverarbeitung .................................................................................... 35

    Master und Slave ......................................................................................... 37

    Rollenspiel ................................................................................................... 37

    Multilevel-Übertragungscodes ..................................................................... 38

    Trellis-Codierung ......................................................................................... 38

    Scrambling .................................................................................................. 39

    Jede Menge DSP: Equalisation, Filter, BLW Cancellation und Next Cancelation ........ 41

## Adaptive Networking: Der kürzeste Weg der Information zum Anwender    45

    Intranets – Die Herausforderung an den Netzbetrieb ................................. 46

    Client/Server-Strukturen ............................................................................. 48

    Netzwerk-Computer ................................................................................... 48

    Applikationen ............................................................................................. 50

    Web-Technologien verändern den Umgang der Anwender mit dem Netz ....... 52

    E-Mail-Applikationen .................................................................................. 53

    Erstellen hochauflösender Bilder ................................................................ 54

    Erstellen von Geschäftsanalysen ................................................................. 54

    Entwicklungssimulation .............................................................................. 54

    Imaging Groupware .................................................................................... 54

    Videokonferenz .......................................................................................... 55

    Hyperlinks .................................................................................................. 55

    Browser: Plug-Ins und Applets ................................................................... 55

    Internet-Programmiersprachen ................................................................... 56

    Web-Browser und PC-Betriebssysteme ..................................................... 57

    Homepages ................................................................................................. 58

## Höhere Protokolle     61

    Mehr Wettbewerb .................................................................................................... 63

    Höhere Marktdurchdringung ............................................................................... 64

    Größere Auswahl .................................................................................................... 64

    Applikationen sind die treibenden Kräfte des Marktes ..................................... 65

    Herausforderungen für moderne Netze ............................................................... 69

## Gigabit-Ethernet-Migration     73

    Upgrade von Switch-zu-Server-Verbindungen .................................................. 74

    Upgrade von Switch-zu-Switch-Verbindungen ................................................. 74

    Upgrade von Switched Fast-Ethernet-Backbones .............................................. 75

    Upgrade von Shared FDDI-Backbones ............................................................... 77

    Upgrade der High-Performance Desktops ......................................................... 78

    Migration zum Gigabit-Ethernet in der Praxis ................................................... 80

    Arbeitsgruppen ........................................................................................................ 80

    Gebäude-Backbones ............................................................................................... 81

    Campus-Backbone ................................................................................................. 82

    Anbindung der Server ........................................................................................... 83

    Anforderungen an Gigabit-Switches ................................................................... 84

    Die Produktanforderungen im Überblick ........................................................... 87

       BayStack 303 .................................................................................................... 89

       BayStack 305 .................................................................................................... 89

       BayStack 350 .................................................................................................... 89

    Mehr Flexibilität ..................................................................................................... 92

    Vereinfachte Administration ................................................................................. 93

    Reduzierte Netzbetriebskosten ............................................................................. 94

Vorteile des Layer-2-Switchings ............................................................................. 96

Nachteile des Layer-2-Switchings ............................................................................ 96

Layer-3-Switches .......................................................................................................... 96

Verbesserung der Leistung ....................................................................................... 97

Vermeidung des Routing-Prozesses ...................................................................... 97

Erhöhung der Routing-Leistung ............................................................................. 98

Vorteile von Layer-3-Switches ................................................................................. 99

Vereinfachtes Netzdesign ......................................................................................... 99

Priorisierung und geringere Verzögerungszeiten ............................................ 100

Einsatz herkömmlicher Protokolle vereinfacht die Migration ..................... 100

Erhöhte Flexibilität und Leistung .......................................................................... 100

Adaptive Networking als Grundlage moderner Netzumgebungen .............. 102


## Bay Networks

## Accelar Routing Switches  107

### Systemarchitektur  108

Silicon Switch Fabric ............................................................................................... 109

I/O-Module ................................................................................................................. 110

Unicast-Weiterleitung ............................................................................................. 110

Multicast- und Broadcast-Weiterleitung ............................................................ 111

Redundanzen ............................................................................................................. 111

### Software-Leistungsmerkmale  112

VLANs ........................................................................................................................... 112

VLAN Trunking nach 802.1Q und Spanning Tree ............................................ 113

Routing ........................................................................................................... 113

Quality-of-Service ........................................................................................... 114

Netzmanagement ............................................................................................ 115

## Systemtypen 116

Accelar 1200 .................................................................................................. 116

Accelar 1250 .................................................................................................. 118

Silicon Switch Fabric CPU-Module ................................................................ 119

8-Port 100BaseFX-Modul ................................................................................ 119

16-Port Autosensing 10/100BaseTX-Modul ................................................... 119

1000BaseSX-Module ....................................................................................... 120

1000BaseLX-Module ....................................................................................... 120

Accelar 1100 .................................................................................................. 121

4-Port 100BaseFX-Modul ................................................................................ 121

8-Port 10BaseT/100BaseTX-Modul ................................................................. 122

1000BaseSX-Module ....................................................................................... 122

1000BaseLX-Module ....................................................................................... 122

## Anwendungen 123

# Gigabit-Ethernet

## ... jetzt wird's sogar auf der Glasfaser eng!

Im Einfachen liegt oft das Geniale verborgen. Also warum nicht einfach das altbewährte Ethernet noch einmal zehnfach schneller drehen und damit der ganzen Frage nach neuen Technologien für LAN-Backbones aus dem Wege gehen? Und tatsächlich, der Standard für 1000BaseTX steht vor der Tür, und eine nicht unbeträchtliche Zahl von Produktvorstellungen zum Thema Gigabit-Ethernet war auf der Interop in Las Vegas 1997 schon zu bestaunen.

Eins ist sicher, die ganze Diskussion um Quality-of-Service, die aus den gewandelten Anforderungen an die Eigenschaften heutiger Netzwerke entstanden ist, wird mit solchen Bandweiten erst einmal um einige Jahre verschoben.

## Auslastungsgrade

Probleme mit ruckelnden Bildern bei Videokonferenzanwendungen oder Aussetzern in Audiokanälen entstehen in lokalen Netzwerken ja nur dann, wenn ein hoher Anteil der verfügbaren Bandweite genutzt wird, die Netzwerke also quasi in der Sättigung betrieben werden. Zu Sättigungs- bzw. Überlastungserscheinungen kommt es meist nicht durch unzureichende Datenraten am Endgerät, sondern primär durch die Akkumulation aller Daten auf den Netzwerkknotenrechnern, den Hubs oder Switches, die meist durch ein Backbone-Netzwerk miteinander verbunden sind.

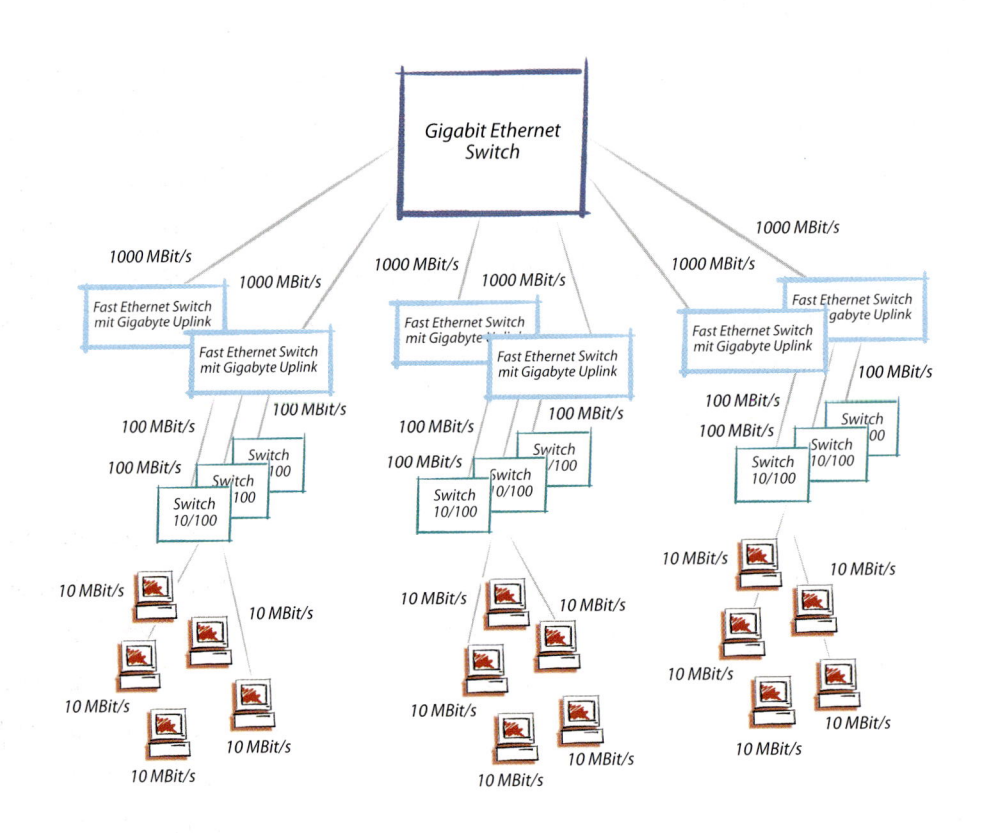

*Hierarchie aus Ethernet-Switches mit Gigabit-Backbone*

## Backbone

Gigabit-Ethernet zielt zunächst einmal genau auf diese Backbones und auf die Verknüpfung von modernen, leistungsfähigen 100-MBit-Ethernet-Switches. Im nächsten Schritt wird man sicherlich bald extrem leistungsfähige Server mit Gigabit-Schnittstellen kaufen können. Tatsächlich steigen die verfügbaren Datenraten auf den Netzwerken ungefähr so schnell wie wir alle die Gigabytes unserer Festplatten vollschreiben, und das steht ja auch in einem eindeutig logischen Zusammenhang.

## Standardisierung

Seit Dezember 1997 gibt es den vierten Entwurf (D4) zum IEEE 802.3z-Standard, der sich dem Thema 1000-MBit/s-Ethernet (1000BaseTX) widmet und als Anhang zum bekannten IEEE 802.3-Ethernet-Standard zu verstehen ist. Tatsächlich ist die Standardisierung bereits so weit abgeschlossen, daß mit der geplanten Verabschiedung im Frühsommer 1998 tatsächlich auch gerechnet werden darf. Der Standard ist in wichtigen Teilen bereits so stabil, daß es nicht unsinnig ist, heute schon Gigabit-Ethernet-Produkte einzusetzen, wenn die Gegebenheiten solche Datenraten erfordern.

## Ethernet-Switches

Beim durchgängigen Einsatz von Ethernet-Switches ist die Sache ziemlich trivial. Es werden die gleichen Ethernet-Pakete wie eh und je mit (gegenüber100BaseTX) exakt um das Zehnfache gesteigerten Datenraten auf die Reise geschickt und gleichzeitig empfangen. Da Switches die ganze Problematik des Netzwerkzugriffsverfahrens für Ethernet (z.B. Kollisionserkennung) umgehen, und somit bezüglich der Laufzeiten im Netzwerk genausowenig kritisch sind wie irgendeine andere Netzwerktechnologie, reduziert sich das Problem auf die Frage, mit welchen Halbleitern und Laserdioden man mit solch hohen Datenraten arbeiten kann. Da das aber sowohl in der Telekommunikation als auch unter Fibre-Channel schon gelöst ist, bleibt letztlich nur noch die Frage des Preises.

## CSMA/CD-Verfahren

Weder die Betriebssysteme noch die Netzwerkprotokolle noch die Bridging- oder Router-Technologien müssen dafür geändert werden. „Es ändert sich fast nichts!" Das ist das Reizvolle an diesem neuen Standard. Warum der Standardisierungsvorschlag trotzdem inzwischen über dreihundert Seiten umfaßt, ist ein anderes Thema. Das hat zum großen Teil damit zu tun, daß man sich auch diesmal wieder zum Ziel gesetzt hat, auch mit 1000 MBit das alte CSMA/CD-Verfahren beizubehalten, um auch mit solch extremen

Datenraten über eine brauchbare Netzwerkausdehnung Kollisionen erkennen zu können. Sicher hatte man bei dieser Zielsetzung preiswerte 1000-MBit-Repeater für Collapsed Backbones, daß heißt für ein auf ein Chassis oder einen Raum reduziertes Netzwerkzentrum, im Sinn.

Als diese Idee für Fast-Ethernet bekannt wurde, hat man erst einmal gedacht: „Was für ein Unsinn, man kann doch bei den Bitraten kein Kollisionserkennungsverfahren benutzen!" Jetzt, wo das gleiche für Gigabit-Ethernet versucht wird, was sicher nicht einfach ist, denken alle: „Warum nicht?"

## Full Duplex

Eigentlich ist es paradox: Soviel Energie wurde auf die Beibehaltung des kollisionsbehafteten Zugriffsverfahrens verwendet und doch gibt es noch kein einziges Gigabit-Ethernet-Produkt, das das auch wirklich nutzt. Wenn nicht sowieso durch die Verwendung von Switches Kollisionen komplett vermieden werden, unterstützen die meisten modernen Ethernet-Produkte ohnehin den Full-Duplex-Modus und das Flow-Control-Verfahren, wie es im 802.3x-Standard beschrieben wird. Damit kann jeder MAC mit einem Xon-Xoff-ähnelnden Verfahren mit sogenannten „Pause-Kommandos" angehalten werden. Sogar viele 10BaseT-Adapterkarten beherrschen dieses Verfahren inzwischen. Mit dessen Hilfe vermeiden sogenannte „Full-Duplex-Repeater" bzw. „Buffered-Repeater" unter Gigabit-Ethernet Zugriffskonflikte und damit Kollisionen auf dem Netzwerk vollständig. Im Moment sieht es jedenfalls so aus, als würde es vorerst keine Collision-Domains unter Gigabit-Ethernet geben. Das kann uns durchaus recht sein.

Erklärtes Ziel ist es, mit 1000BaseX auf Kategorie-5-Kabel eine Reichweite von einhundert Metern zu erzielen. Dafür wurde jetzt das IEEE 802.3ab-Subkomitee gegründet (man beachte den „Wraparound" bei den Buchstaben des Alphabets.), das sich aber momentan noch in der Phase von heftigen Technologiediskussionen befindet. Grundsätzlich ist es aber gut denkbar, daß erste Labormodelle Mitte 1998 in Betrieb sein werden.

## Trellis-Codierung

Bei FDDI wurde der Sprung zum UTP-Kabel durch Einführung des MLT3-Leitungscodes geschafft, der nur dazu dient, die Frequenzen auf dem Kabel bei gleicher Bandbreite zu halbieren. Für Gigabit-Ethernet muß man ein Codierverfahren finden, das die Sendefrequenz statt dessen um etwa den Faktor 20 reduziert. Genau das wurde aber bereits in dem relativ unbekannten 802.3y-Standard verwirklicht. Bei „100BaseT2" wird mit Hilfe der Trellis-Codierung Full-Duplex-Betrieb auf zwei Aderpärchen eines Kategorie-3-UTP-Kabels möglich.

## Gigabit-Ethernet Media Access Frames

Die Struktur der 1000-Mbit/s-Ethernet-Frames bleibt identisch mit der der klassischen Ethernet-Frames.

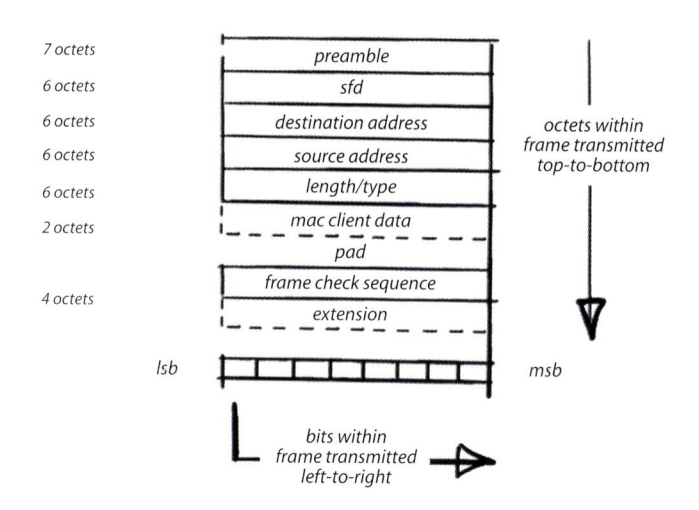

| | |
|---|---|
| Preamble | 7 Bytes, Muster: 101010.....10, LSB to MSB, dienen zur Taktsynchronisation des Empfängers |
| SFD | Start Frame Delimiter, 1 Byte 10101011 LSB-MSB. Nicht verwechselbares Bitmuster, das den Beginn des Frames anzeigt |
| Destination Address | 6 Bytes, IEEE-Zieladresse |
| Source Address | 6 Bytes, IEEE-Quelladresse |
| Length | 2 Bytes Länge (802.3) oder Typ (Ethernet II) |
| Info | 1518 Byte Daten |
| Pad | 1 oder 0 Byte zum Auffüllen auf gerade Anzahl Bytes |
| FCS | Frame Check Sequence. Quersumme aus dem gesamten Infofeld (Cyclic Redundancy Check) |

*MAC Frame*

## Kollisionserkennung bei Gigabit

In der vorstehenden Abbildung sieht der Gigabit-Ethernet-Frame so aus, wie er schon von Fast-Ethernet und dem normalen Ethernet her bekannt ist. In kollisionsbehafteten Gigabit-Ethernet-Segmenten ist die daraus resultierende Minimallänge eines Ethernet-Pakets viel zu klein, um Kollisionen erkennen zu können, es sei denn, man würde die maximale Ausdehnung auf zehn Meter reduzieren, was wiederum kaum den Vorstellungen eines firmenweiten Netzwerks entspricht. Man muß sich vor Augen halten, daß die elektrischen oder optischen Pulse, die unsere Datenbits auf einem Kupferkabel oder einer Glasfaser repräsentieren, sich immer konstant abhängig von der Qualität des Kupfer- oder Glasfaserkabels zwischen zweidrittel und dreiviertel der Lichtgeschwindigkeit fortbewegen. Diese Geschwindigkeit hat überhaupt nichts mit der Datenrate zu tun und hängt nur vom verwendeten Material ab.

So gesehen ist Glasfaser auch gar nicht schneller als Kupferkabel. Die Laufzeiten pro Meter unterscheiden sich zwischen Glasfaser und Kupferkabel nicht signifikant. Allerdings kann man Signale mit einer sehr viel höheren Frequenz auf einer Glasfaser übertragen, aber das spielt für die Laufzeit einer Information auf dem Medium – und damit auch für die Erkennung von Kollisionen in einem Netzwerk – keine Rolle.

Übertragen auf Gigabit-Ethernet ist bei einem Netzdurchmesser von über zehn Metern ein kleines Ethernet-Paket schon komplett aus dem Netzwerk-Controller hinaus, bevor das zuerst gesendete Bit überhaupt das Ende der Leitung erreicht hat. Das klassische Kollisionsmuster kann also gar nicht empfangen werden, und damit kann auch das bekannte Verfahren nicht eingesetzt werden.

## Frame Extensions

Die Lösung dieses Problems ist ganz einfach. Jede Station muß gezwungen werden, eine Mindestzeit zu senden und zwar so lange wie notwendig, bis an jeder Stelle des Netzsegments genug Bits angekommen sind, um eine Kollision sicher zu erkennen. Da dafür aber nicht immer eine ausreichende Menge Nutzdaten zur Verfügung stehen, werden halt für den Rest der Übertragungszeit unsinnige Daten geschickt, die nicht zum eigentlichen Ethernet-Frame gehören. Diese zusätzlichen Daten nennt man Extensions, und es handelt sich dabei um spezielle Symbole, die auf keinen Fall mit Daten oder mit Frame-Informationen verwechselt werden können.

## Burst Frames

Um die Bandweitenverschwendung, die dieses Auffüllen mit Müll-Bytes bewirkt, einigermaßen in Grenzen zu halten, erlaubt der Gigabit-Ethernet-Standard beim Betrieb mit Halbduplex-1000-MBit/s – im Gegensatz zu allen anderen Ethernet-Geschwindigkeiten – einer Station, mehrere Frames zu verketten und in einem Burst abzuschicken. Hat sich also eine Station einmal Zugriff auf das Medium verschafft, kann sie bis zu einer Zeitspanne von 65 000 Bits so viele Pakete hintereinander starten wie sie will und anschließend noch das angefangene Paket zu Ende senden. Das ergibt eine maximale Burst-Länge von 8 192 Byte plus 1 518 Byte, was mehr als sechs Ethernet-Pakete maximaler Größe entspricht. Erst dann muß die Station das Medium wieder freigeben.

Speziell in Servern, die häufig mehrere Frames für verschiedene Stationen oder aber Bursts von Frames für eine Station (Filetransfer) in der Sendewarteschlange haben, führt diese Erweiterung des Standards in kollisionsbehafteten Netzwerken zu einer erheblichen Reduzierung des Overheads für die Arbitrierung des Netzwerks. Allerdings gilt diese Erweiterung nur für Gigabit-Ethernet.

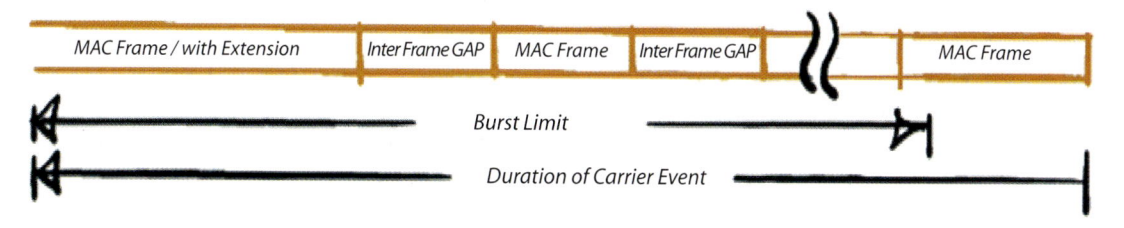

*Übertragung eines Burst Frames*

|  | 10 MBit/s | 100 MBit/s | 1 000 MBit/s |
| --- | --- | --- | --- |
| Slottime (Bit Times) | 512 | 512 | 4096 |
| Interframe-Gap (µs) | 9,6 | 0,96 | 0,096 |
| maxFrameSize (Bytes) | 1518 | 1518 | 1518 |
| minFrameSize (Bytes) | 64 | 64 | 64 |
| extendSize (Bits) | 0 Bits | 0 Bits | 448 |
| burstLength (Bits) | 0 | 0 | 65.536 (= 8192 Bytes) |

*Parameter für den Ethernet MAC-Layer im Halbduplex-Betrieb bei verschiedenen Bitraten*

## Gigabit Media Independent Interface (GMII)

Der IEEE 802.3z-Standard definiert zwischen dem Media Access Controller (MAC) und dem Physical Layer Controller (PHY) eine neue, erweitere Schnittstelle, die GMII. Ähnlich wie die MII-Schnittstelle für Fast-Ethernet dient diese Schnittstelle nicht nur zum Anschluß verschiedener Ethernet-Medien von 10 bis 1000 MBit, sondern auch zur automatischen Erkennung des Mediums und dem Austausch von Daten über Zustand und Eigenschaft der aktuellen Verbindung und von Statistiken über den Datenverkehr zwischen MAC und PHY.

## Autonegotiation vom Typ 1000BaseX

Dazu wurde ein neues Autonegotiation/Typ 1000BaseX-Protokoll geschaffen, das eine andere Signalisierung verwendet als die Autonegotiation unter 100BaseX, die ja bekanntermaßen die Link-Pulse für einen Informationsaustausch zwischen einer Verbindung verwendet. Mit diesem neuen Protokoll werden vor allem Informationen über die verwendeten 1000-MBit/s-Medien ausgetauscht und Link-Eigenschaften für den Betrieb mit dieser Datenrate ausgehandelt. Diese Informationen werden mit speziellen Codegruppen zwischen zwei Link-Partnern übertragen, also auch anders als bei FDDI, wo Netzwerkpartner sich mittels des PLC-Protokolls Informationen mit Hilfe von Frequenzmustern übermitteln.

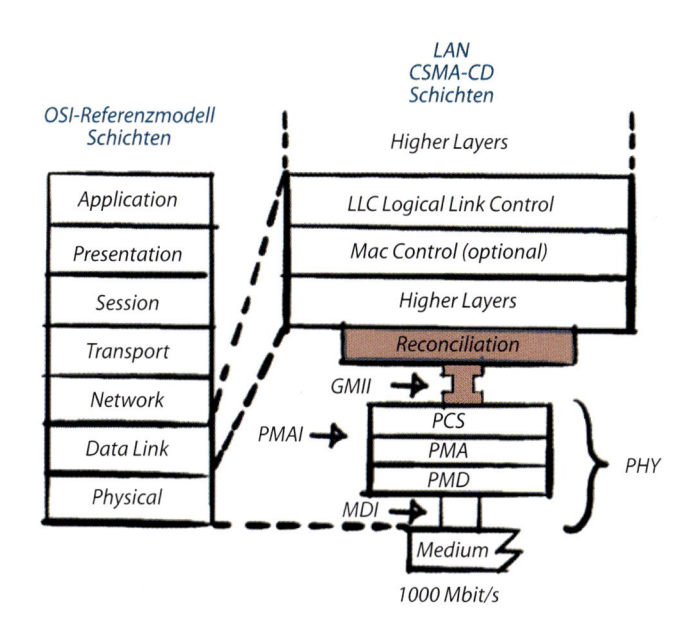

*Generelle Funktionsblöcke und GMII*

## Physikalische Übertragungsschicht

Die Daten auf dem Netzwerk sind ähnlich codiert wie unter FDDI und 100BaseX verwendeten 4B5B-Codierverfahren. Allerdings wird bei 1000BaseX, im Gegensatz zu 4B/5B, immer die doppelte Anzahl von Bits zusammengefaßt. Somit ergibt sich ein 8B/10B-Codierverfahren. Diese merkwürdig anmutende Bezeichnung bedeutet nichts weiter, als daß 8 Bit binäre Dateninformationen in 10 Bit binäre Übertragungsinformationen umgewandelt werden. Somit werden für 8 Bit Daten tatsächlich 10 Bit auf dem Netz übertragen. Was wie Verschwendung erscheint, ist in Wirklichkeit eine äußerst effiziente Methode der Datenübertragung, weil man dabei berücksichtigen muß, daß in Ermangelung einer zusätzlichen Taktleitung zwischen Sender und Empfänger die Taktinformation zusammen mit den Daten, bzw. eingebettet im Datenstrom, übertragen werden muß.

## Run Length Limited

Man braucht sich nur eine längere Übertragungssequenz von Nullen oder Einsen, wie sie ja durchaus häufig in Dateien vorkommt, vorzustellen und wie diese ohne zusätzliche Taktinformation auf eine Leitung übertragen würden. Die empfangende Station hätte niemals eine Chance, daraus einen Empfangstakt zurückzugewinnen und daraus Anfang und Ende eines Symbols oder eines Pakets zu ermitteln. Beim 8B/10B-Verfahren wird nun jeweils ein Byte Daten geschickt so auf 10 Bits umcodiert, daß niemals weniger als vier und mehr als sieben Wechsel pro Symbol auftreten. Da man auf diese Weise die „Lauflängen" von Nullen oder Einsen beschränkt, nennt man einen solchen Code auch Run Length Limited. Die maximale Baudrate (Pegelwechsel/Sek.) dieses Übertragungsverfahrens liegt bei 1 250 MBaud.

| Code Group Name | Octet Value | Octet Bits HGF EDCBA | Current RD− abcdei fghj | RD− Transition Delay | Current RD+ abcdei fghj | RD+ Transition Delay | Combined Transition Delay | Ending RD |
|---|---|---|---|---|---|---|---|---|
| D0.0 | 00 | 000 00000 | 100111 0100 | 5 | 011000 1011 | 5 | 10 | same |
| D1.0 | 01 | 000 00001 | 011101 0100 | 6 | 100010 1011 | 6 | 12 | same |
| D2.0 | 02 | 000 00010 | 101101 0100 | 7 | 010010 1011 | 7 | 14 | same |
| D3.0 | 03 | 000 00011 | 110001 1011 | 4 | 110001 0100 | 4 | 9 | flip |
| D4.0 | 04 | 000 00100 | 110101 0100 | 7 | 001010 1011 | 7 | 14 | same |
| D5.0 | 05 | 000 00101 | 101001 1011 | 6 | 101001 0100 | 7 | 13 | flip |
| D6.0 | 06 | 000 00110 | 011001 1011 | 5 | 011001 0100 | 6 | 11 | flip |
| D7.0 | 07 | | | | | 4 | 8 | flip |
| D8.0 | | | | | | | | |
| D9 | | | | | | | | |

*Beispiele für 8B/10B-Codes*

## Symbole

Wie bei FDDI und Fast-Ethernet nutzt man den erheblich größeren Coderaum dieser zehn Übertragungsbits, um weitere Codegruppensymbole zu definieren. Diese speziellen Symbole können nicht mit Datensymbolen verwechselt werden. Sie werden alleine oder in Kombination mit ein bis drei Datensymbolen zu Ordered Sets zusammengefaßt. Diese bis zu vier Codes langen Sets werden als Carrier-Extension, Idle, Start-of-Packet, End-of-Packet und Configuration-Marken verwendet.

Alle übrigbleibenden Bitkombinationen, für die es keine eindeutige Definition als Daten oder spezielle Codegruppe gibt, werden als Violation erkannt und gezählt. Da solche Symbole unter normalen Betriebsbedingungen nicht auftreten dürfen, läßt sich aus einem gehäuften Auftreten solcher Violation-Symbole eine grobe Aussage über die Qualität einer Verbindung treffen.

## *Übertragungsmedien für Gigabit-Ethernet*

Wie schon erwähnt, wurde zunächst einmal das UTP-Kabel aus der Standardisierung ausgeklammert. Statt dessen konzentrierte sich das Normengremium auf die Definition zur Übertragung von Gigabit auf Glasfaser und STP-Kabel. Dabei wurde auf die bereits genormten und verfügbaren Technologien vom Fibre-Channel-Standard zurückgegriffen. Es wird ein sehr ähnliches Codierverfahren verwendet, und es wird die gleiche physikalische (Symbol)-Schnittstelle zwischen MAC und PHY definiert, so daß man am Markt verfügbare Fibre-Channel-Transceiver mit etwas höherer Taktrate verwenden kann.

Folgende Verfahren sind im Standard definiert:

| | |
|---|---|
| 1000Base-SX | Übertragung auf „Short Wavelength" Duplex-Multimode-Glasfaser |
| 1000Base-LX | Übertragung auf „Long Wavelength" Duplex-Multimode- oder Monomode-Glasfaser |
| 1000Base-CX | Übertragung auf geschirmtem Twinax-Kupferkabel mit zwei speziell ausbalancierten Leitungspärchen |

| Glasfaser-Verbindungstypen | Wellenlänge | Min. Reichweite | Power-Budget | Kabeltyp | Stecker |
|---|---|---|---|---|---|
| 1000BASE-SX auf 62,5 µm-Faser | 830 nm | 2-260 m | 7,0 dB | Multimode | Duplex SC |
| 1000BASE-SX auf 50 µm-Faser | 830 nm | 2-550 m | 7,0 dB | Multimode | Duplex SC |
| 1000BASE-LX auf 62,5 µm-Faser | 1270 nm | 2-440 m | 7,5 dB | Multimode | Duplex SC |
| 1000BASE-LX auf 50 µm-Faser | 1270 nm | 2-550 m | 7,5 dB | Multimode | Duplex SC |
| 1000BASE-LX auf 10 µm-Faser | 1270 nm | 2-3000 m | 5,5 dB | Monomode | Duplex SC |

| Kupferkabel-Verbindungstypen | Signal-Amplitude | Min. Reichweite | Impedanz | Kabeltyp | Stecker |
|---|---|---|---|---|---|
| 1000BASE-CX mit DB9-Stecker | +/- 1 V | 25 m | 150 Ohm | Twinax* | DB9 (Style 1) |
| 1000BASE-CX mit IEC 61076- Stecker | +/- 1 V | 25 m | 150 Ohm | Twinax | IEC (Style 2) |

* Twinax = Shielded Balanced Cable

## Wellenlängen

Neben der von FDDI und 100BaseFX bekannten Wellenlänge von 1300 nm überrascht bei den Glasfaseranschlüssen der Vorschlag über eine weitere Variante mit Licht-Transceivern für 830 nm Wellenlänge (nahes Infrarot). Geräte mit unterschiedlichen Wellenlängen erkennen sich gegenseitig nicht und wellenlängenagile Transceiver sind physikalisch zwar denkbar, aber kostenmäßig unsinnig. Somit gibt es zwei – trotz gleicher Steckergeometrien – inkompatible Glasfaseranschlußvarianten. Der Grund liegt in einem erheblich geringeren Preis für 1000-MBit-Laserdioden von 830 nm Wellenlänge.

## Bandweiten-Längenprodukt

Die angegebenen Werte für die Reichweiten bei der Verwendung von Glasfaser lassen auf den ersten Blick vermuten, daß eine Null fehlt. Die Werte von etwa 500 m bei Multimodekabel sind aber durchaus korrekt. Wo wir bei den 2 km Reichweite mit FDDI und 100BaseFX noch reichlich Reserve haben, kommen wir bei der Übertragung des Lichtes über Multimode-Glasfaser mit einer Modulation von 1250 MBit deutlich an die Grenzen des Bandweitenlängenprodukts einer Multimode-Glasfaser. Natürlich sind die oben angegebenen Längen für den Worst-Case (500 MHz * km) berechnet. Moderne Multimode-Glasfasern besitzen aber ein Bandweitenlängenprodukt zwischen 600 und 1000 MHz*km. Unter der überschlägigen Annahme, daß Baudrate gleich Übertragungsfrequenz ist, können wir daher bei qualitativ hochwertigen Multimodefasern mit Reichweiten bis zu 800 m rechnen (= Bandweitenlängenprodukt/Baudrate). Dabei spielt die Dämpfung der eingespeisten Lichtleistung eher eine untergeordnete Rolle. Statt dessen treten bei diesen Datenraten die Dispersionseffekte in den Vordergrund. Darunter sind Verzerrungen der Pulse-Form der binären Lichtimpulse auf dem Weg zum Empfänger zu verstehen, die durch Laufzeitunterschiede der unterschiedlichen Wellenlängen und Reflektionspfade des Lichtes in der Faser entstehen.

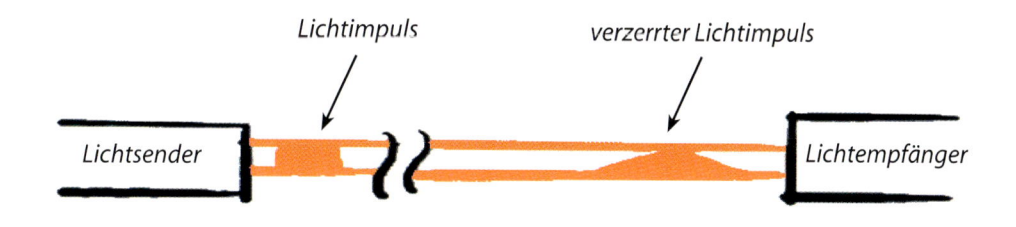

*Verzerrung eines Lichtimpulses durch Dispersionseffekte*

## Monomode-Fasern

Selbst durch die Verwendung von Monomode-Fasern, bei denen es nur exakt einen Weg des Lichtes durch die Faser gibt, wodurch die Verzerrungen erheblich geringer sind, können nur etwa drei Kilometer Reichweite erzielt werden. Man kann also vermuten, daß Monomode-Glasfaservernetzungen im Gigabit-Backbone in Zukunft häufiger anzutreffen sein werden. Monomode-Glasfaser ist an sich nicht wesentlich teurer als die Multimode-Ausführung, aber bei 100-Mbit/s-Netzen sind die Monomode-Glasfaser-Transceiver immer sehr viel teurer als die Multimode-Ausführungen, weil Laserdioden statt LEDs verwendet werden müssen. Bei den 1300 nm-Transceivern für 1000-MBit/s-Glasfaserübertragung gibt es kaum noch einen Preisunterschied zwischen Multimode und Monomode.

## Stecker

Für Gigabit-Ethernet-Glasfaseranschlüsse kommt grundsätzlich der aus der ANSI Low Cost Fiber (LCF)-PMD-Spezifikation bekannte Duplex-SC-Stecker zum Einsatz. Diesen Stecker kennen wir bereits von FDDI als Nachfolger des klobigen MIC-Steckers und von Fast-Ethernet und ATM. Auch der Fibre-Channel-Standard benutzt diesen Stecker. Im Gespräch sind in der Industrie allerdings inzwischen noch kompaktere Glasfaserstecker, die ungefähr die Größe eines RJ45-Western-Steckers haben. Bisher sind diese Stecker aber noch nicht einheitlich in den Markt eingeführt.

## Twinax-Kabel

Erste zaghafte Versuche in Richtung Kupferkabel findet man im Standardvorschlag mit 1000BaseCX, einem sehr konventionellen Ansatz, mit dem man auf sehr hochwertigem 150-Ohm-Twinax-Kabel (2 x 75 Ohm) bis zu 25 Meter weit kommt. Dabei werden die Daten ohne zusätzliche Codierung direkt über einen entsprechenden Pulstransformator auf ein Kabelpärchen getrieben, was auf der Leitung einen Pegel von +/-1 Volt erzeugt. Es

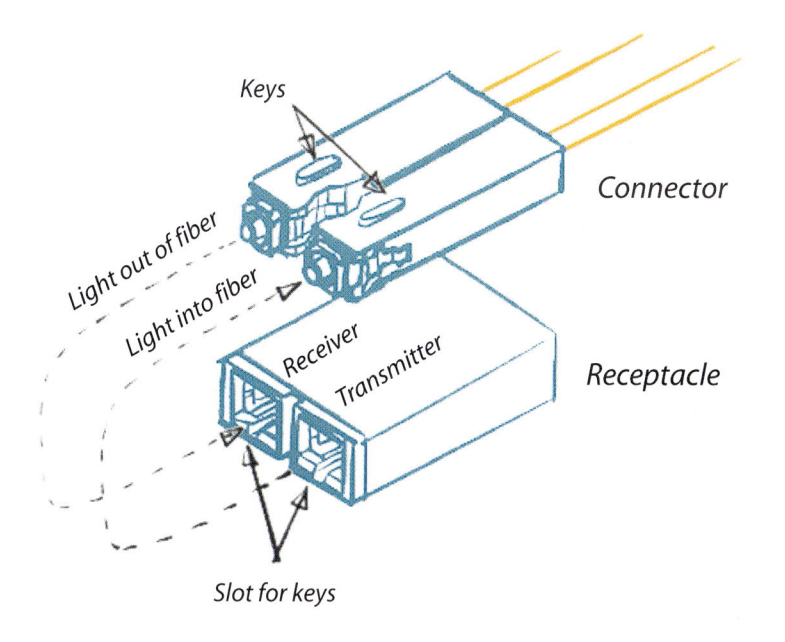

*Duplex-SC-Stecker*

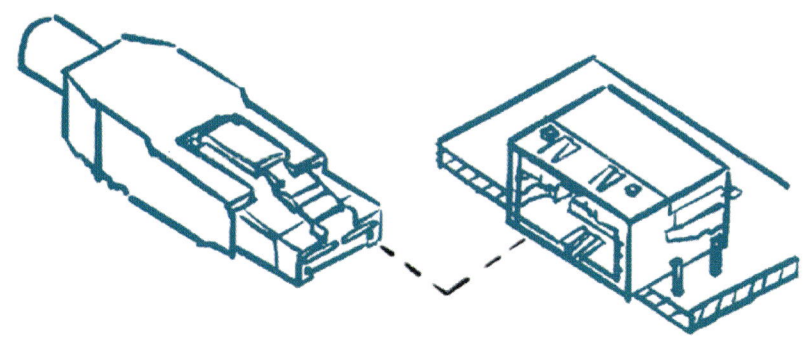

*IEC 61076-3-103-Stecker*

gibt zwei verschiedene Steckertypen: Den bekannten DB9 mit Anschlußbelegung wie beim Token-Ring und einen IEC 61076-3-103-Stecker, bei dem auf jedem zweiten Pin Masse angeschlossen ist.

## Ausblick

25 Meter Reichweite mit einem ziemlich dicken, unhandlichen Twinax-Kabel ist wohl nicht der Weisheit letzter Schluß, obwohl es sicherlich seine Anwendung in „Collapsed Backbones" und räumlich begrenzten Rechenzentren finden wird. Es darf mit Spannung darauf gewartet werden, was der Industrie bezüglich 1000MBit/s auf „Kat-5"-UTP-Kupferkabel einfällt. Sollte das aber gelingen, ist vorstellbar, daß wir schon bald unsere neuen Fast-Ethernet-Adapterkarten in unseren PCs gegen 1000BaseT-Gigabit-Adapterkarten austauschen. Besonders interessant ist die Frage, ob es sich lohnt, heute in eine aufwendige und – schlimmer noch – inkompatible Kategorie-6- oder -7-Verkabelung zu investieren, wenn wir doch vielleicht bald Gigabit auf Kategorie 5 verwirklichen können. Manch einer überlegt allerdings auch, ob man nicht gleich konsequent durchgängig eine Glasfaservernetzung installiert, bevor die exponentiell wachsenden Datenraten die Amortisationszeit einer Kupferkabelinstallation überholt.

# Gigaspeed auf UTP – eine Revolution auf verdrilltem Kupferdraht

„Ist das denn eigentlich noch physikalisch machbar, auf einem ungeschirmten Kabel 1000 MBit/s zu übertragen?" wird sich vor allem der fragen, der sich mit Übertragungstechnik und Kabelphysik auseinandergesetzt hat. Die Bell Labs haben zwar vor zehn Jahren schon das Ende des Kupferkabels bei 2 MBit/s vorhergesagt, die Industrie hat sich aber nicht danach gerichtet. Frequenzen an der Grenze zum Mikrowellenspektrum lassen sich aber tatsächlich auf verdrillten Kupferkabeln nicht über größere Distanzen übertragen, ohne daß ein großer Teil der Energie abgestrahlt wird. Darüber hinaus machen Dämpfung und Frequenzverzerrung eine sinnvolle Rückgewinnung der Nutzinformation unmöglich.

Die Zwischenfrequenz von TV-Satellitenempfangsanlagen, also die Signale, die an Satelliten-TV-Tunern anliegen, sind ähnlich hoch (etwa 800 Mhz). Es handelt sich dabei aber um einen frequenzmodulierten Träger, der auf Koaxialkabeln geführt wird. Bei Ethernet sprechen wir aber nicht von Trägermodulation, sondern von einem Basisbandverfahren. Bei 1000BaseCX wird das Kabel tatsächlich direkt mit 1250 MBaud getrieben, aber es muß hier ein aufwendiges, ziemlich dickes geschirmtes Twinaxkabel verwendet werden, und das ganze reicht nicht weiter als 25 Meter.

Ungeschirmte verdrillte Kabel der Kategorie 5 sind eigentlich nur für Übertragungsverfahren bis 100 MBit/s ausgelegt und besitzen für die zur Diskussion stehenden Frequenzen eine zu hohe Dämpfung sowie ein viel zu hohes Übersprechen. Nicht zuletzt würden sie viel zu viel hochfrequente Energie abstrahlen, als daß man ein solches Übertragungssystem im industriellen Umfeld betreiben bzw. die FCC- oder CE-Bestimmungen einhalten könnte.

Das Geheimnis liegt in der Verwendung von komplexen Codier- und Übertragungsverfahren, wie sie schon bei Leitungsmodems und in der Militärtechnik seit langem verwendet werden. Mathematisch, daß heißt aus dem Blickwinkel der Informationstheorie gesehen, wird beim Basisbandverfahren bei weitem nicht die Kapazität des Übertragungskanals ausgeschöpft. Wesentlicher Aspekt dabei ist die Frage, wann das Signal im Rauschen untergeht und wieviel Information man in der Modulation des Signals unterbringen kann. Bei dem für Gigabit-Ethernet auf Glasfaser verwendeten Verfahren ist das sehr simpel, eine logische „1" wird durch die eingeschaltete Lichtquelle, eine logische „0" durch die ausgeschaltete Lichtquelle signalisiert. Es wird auch nur ein einziger Übertragungskanal – also eine Faser – benutzt. Diese Methode ergibt sich aus der heute verfügbaren LED- bzw. Laser-LED-Technologie, die nur für sehr schnelle digitale Modulation optimiert, dafür aber relativ billig ist.

Moderne Modems arbeiten heute mit Datenraten von über 100 kBit/s auf einem Übertragungskanal (Telefonleitung), der per Definition 2400 Hz breit ist. Die dabei verwendeten Verfahren modulieren sowohl die Amplitude als auch die Phase eines digitalen Trägersignals. Das wird mit schnellen Signalprozessoren (DSPs) erreicht, die mittels Algorithmen, die aus der Nachrichtentechnik bekannt sind, aus dem empfangenen Signalsalat das gesendete Signal zurückrechnen. Entscheidend bei diesen Verfahren ist vor allem die adaptive Eigenschaft der Empfänger. Ein Modem muß sich auf extrem unterschiedliche Leitungsqualitäten einstellen, weil ja nicht nur die Länge der Übertragungsstrecke, sondern auch die Übertragungseigenschaften der für das Telefon verwendeten Kabel sehr stark variieren.

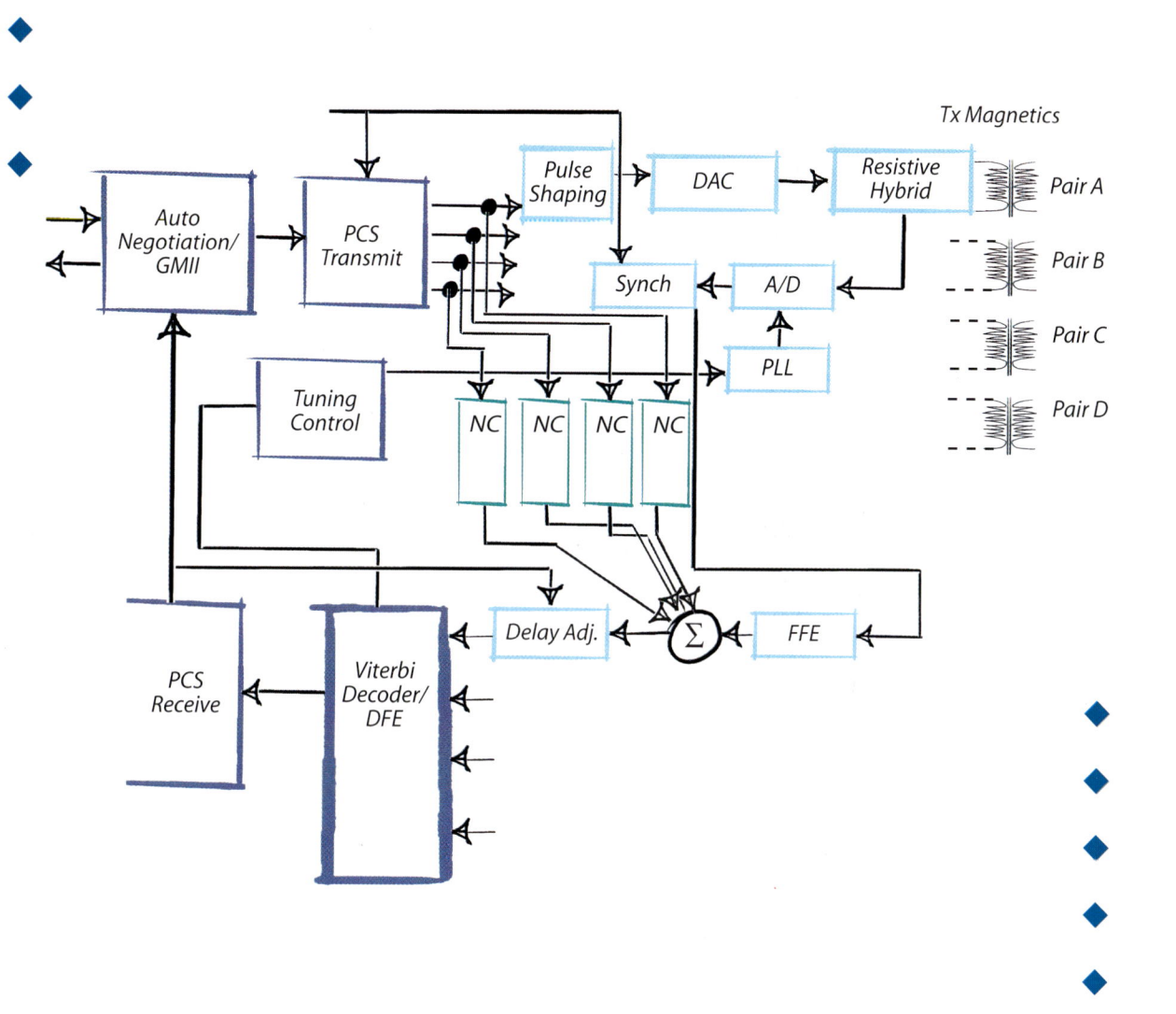

*Für 1000BaseT auf UTP-Kabel braucht man jede Menge Digitale Signalprozessoren (DSP)*

**33**

Einen 1000BaseT-Transceiver müssen wir uns ähnlich vorstellen wie ein Modem. In einer Hinsicht hat es ein solcher „Höchstgeschwindigkeitsdatenempfänger" leichter, weil mit den verwendeten Kategorie-5-Kabeln – im Gegensatz zu Telefonverbindungen – ziemlich genau definierte Übertragungsverhältnisse geschaffen werden. Die Impedanz und Dämpfung des Kabels liegt innerhalb enger Grenzen und die Länge liegt immer zwischen 0,5 und 100 m. Dafür müssen die notwendigen Algorithmen aber mit einer Datenrate von 1 Gigabit/s arbeiten, eine im Vergleich zu Telefonmodems 10 000mal höhere Verarbeitungsgeschwindigkeit. Somit darf man solche Transceiver durchaus als technologische Spitzenprodukte betrachten. Die dafür notwendige Halbleitertechnologie ist der Höhepunkt der Halbleiterentwicklung im ausgehenden zwanzigsten Jahrhundert, zumal es sich hier um die Kombination von extrem schnellen digitalen Algorithmen, verknüpft mit äußerst sensiblen analogen Empfangsschaltungen, handelt.

1000BaseT-Transceiver verwenden simultan verschiedene Verfahren, um solche hohe Datenraten zu erzielen:

1. Parallelverarbeitung
2. Multilevel-Codierung
3. Trellis-Codierung
4. Echo-Cancelation
5. Scrambling
6. Adaptive Equalization
7. Baseline Wander Correction
8. Viterbi-Decoder
9. Next-Cancelation

## Parallelverarbeitung

Strukturierte UTP-Verkabelungen legen immer vier verdrillte Leitungspärchen (acht Adern) auf. Von diesen vier Leitungspaaren werden üblicherweise nur zwei Paare verwendet. In manchen Fällen werden die redundanten zwei Pärchen für die Übertragung analoger Signale, wie beim Telefon oder Modems und für ISDN verwendet. Von der simultanen Verwendung eines achtadrigen UTP-Kabels für unterschiedliche digitalen LAN-Ver-

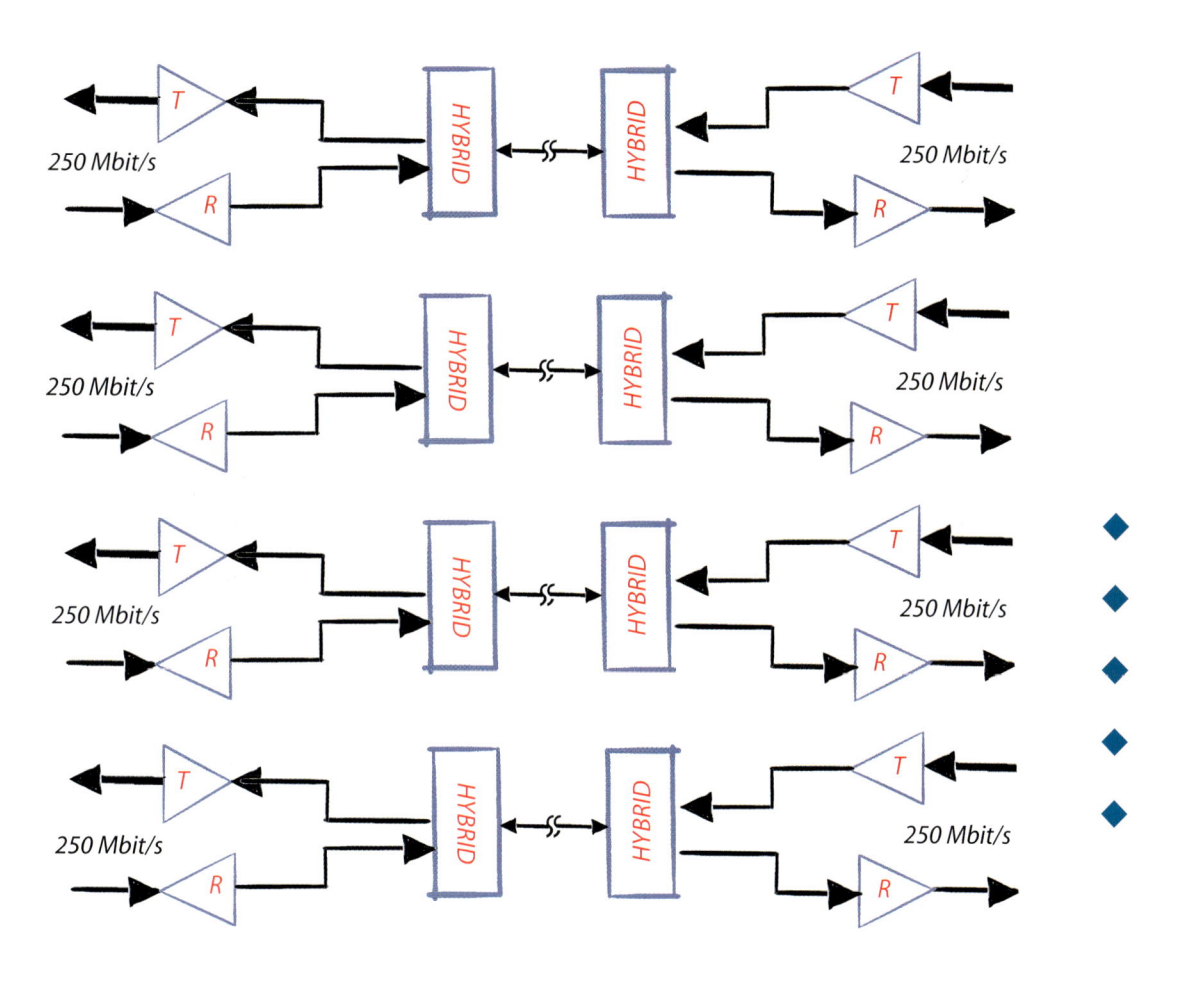

Bidirektionale Übertragung auf vier Leitungspaaren

fahren wird grundsätzlich abgeraten. Die bisher meist ungenutzt gebliebenen Leitungspaare kommen jetzt zum Tragen. Gigabit-Ethernet verwendet alle vier Leitungspaare und bildet damit vier simultane Übertragungskanäle. Die Übertragungsgeschwindigkeit pro Transceiver reduziert sich damit auf 250 MBit/s. Das ist zwar immer noch etwa zweieinhalbmal schneller als bei 100BaseT, aber schon ein Schritt in die richtige Richtung.

Somit ist 1000BaseT also ein Halbduplexverfahren, denn es werden ja schon alle Leitungen in einer Richtung verwendet. Richtig? Falsch! Alle Leitungen werden simultan bidirektional benutzt. Auf beiden Seiten der Leitung befindet sich ein aktiver Sender und Empfänger, was nichts anderes bedeutet, als daß sich die Signale beider Richtungen auf einem Kabel mischen. Daß der Empfänger trotzdem richtig empfangen kann, wird mit Echo-Cancelation erreicht. Mathematisch ist das ganz simpel: Der Empfänger subtrahiert einfach das bekannte Signal des lokalen Senders vom Gesamtsignal. Übrig bleibt das Signal des Senders auf der anderen Seite des Kabels. Resultat: Vollduplex-Übertragung mit vollen 1000 MBit/s.

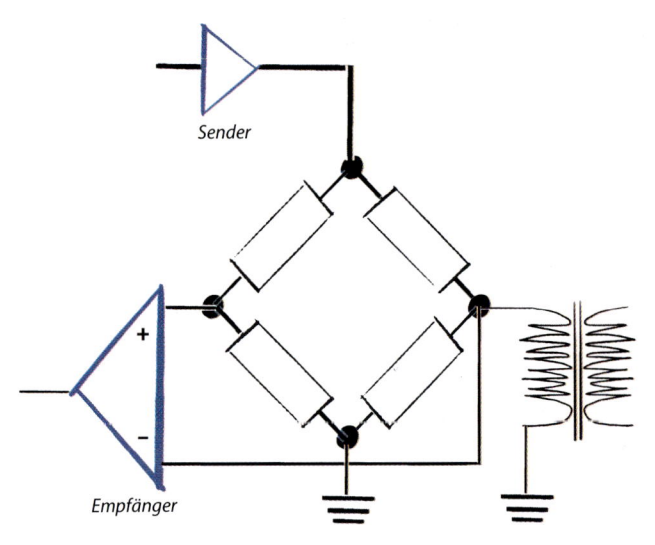

*Der Empfangskompensator subtrahiert das lokale Sendesignal vom Gesamtsignal, das auf dem Kabel anliegt. (Stark vereinfacht)*

*Echo-Cancelation*

## Master und Slave

Aus dem bidirektionalen Betrieb der Leitungen ergibt sich ein unangenehmes Problem mit der Taktung der Empfänger. Bei 100BaseT sind die Verhältnisse klar. Jeder Empfänger stellt sich auf den Takt des angeschlossenen Senders ein. Jeder Sender hat seinen eigenen Takt, somit haben Sender und Empfänger innerhalb der Toleranzen von Oszillatorstufen unterschiedliche Taktungen. Innerhalb von Stationen werden diese Unterschiede im MAC-Controller durch entsprechende Fifo-Puffer ausgeglichen. In Repeatern sorgen interne Synchronisationsstufen und „Elasticity-Buffer" für den notwendigen Ausgleich zwischen den angeschlossenen Leitungen.

Bei 1000BaseT läge der Takt von beiden Richtungen auf einer Leitung. Das kann nicht funktionieren. Deshalb muß sich für eine Seite entschieden werden. Normalerweise wird der Repeater oder Switch die Rolle des Masters übernehmen, das heißt, die Taktversorgung übernehmen. Die angeschlossenen Stationen sind dann bezüglich des Taktes Slaves, das heißt, sie übernehmen wie üblich den gesendeten Takt für die Rückgewinnung des empfangenen Datenstroms, benutzen aber den gleichen Takt auch für das eigene Sendesignal. Somit laufen in den Slave-Stationen Sende- und Empfangsstufen synchron.

## Rollenspiel

Bei den Verbindungen zwischen Repeatern oder Switches sind die Verhältnisse nicht so klar. Es muß beim Aufbau der Verbindung vereinbart werden, wer die Rolle des Masters übernimmt. Mit einem gegenüber 1000BaseCX/FX erweiterten Autonegotiation-Protokoll wird die jeweilige Rolle einer Station als Master oder Slave beim Verbindungsaufbau festgelegt. Wollen beide Stationen die gleiche Rolle übernehmen, entscheidet das Los. Die Station in der Master-Rolle beginnt den Sendeprozeß später als die Slave-Station. Auf diese Weise kann der Autonegotiation-Prozeß vernünftig aufsetzen.

## Multilevel-Übertragungscodes

Der nächste Schritt zur Reduzierung der Baudrate auf dem Kabel ist die Verwendung eines Multilevel-Übertragungscodes. Bei 100BaseT werden mit dem dort benutzen MLT3-Code ja bereits drei Level verwendet (-1, 0, +1), was zu einer effektiven Halbierung der Übertragungsfrequenzen auf dem Kabel führt. Bei 1000BaseT werden 5 Level verwendet (-2, -1, 0, 1, 2). Damit lassen sich – rein rechnerisch – 2,322 binäre Bits pro Takt senden. Diese Zahl ist natürlich rein theoretisch, aber faßt man alle vier Leitungen zusammen, ergibt das etwa 9 288 Bits, was wiederum 625 verschiedene Codes pro Takt bedeutet. (Zu dem gleichen Resultat kommt man, wenn man $5^4 = 625$ rechnet). Um mit einer Taktung von 125 MHz 1000 MBit/s übertragen zu können, muß man aber nur 8 Bit pro Takt senden. 8 Bit ergibt $2^8 = 256$ Codes. Somit stehen bei der Verwendung des PAM5-Verfahrens mehr als doppelt soviel Codes zur Verfügung wie notwendig. Diese Redundanz wird zur weiteren Steigerung der Übertragungsqualität genutzt.

Damit führt dieses sogenannte PAM5-Verfahren zu einer weiteren effektiven Reduzierung der Übertragungsfrequenzen um den Faktor 5 und damit zu einer mittleren Frequenz von 31,25 MHz. Das dadurch erreichte Frequenzspektrum liegt zu mehr als neunzig Prozent unterhalb von 100 MHz und ähnelt sehr stark dem des bekannten MLT3-Codes, der bei FDDI und Fast-Ethernet verwendet wird. Eine Verträglichkeit des Verfahrens mit existierenden Kategorie-5-Installationen und -Regularien ist damit gewährleistet.

## Trellis-Codierung

Hält man sich vor Augen, daß man die Übertragungsleitungen mit dem bisher beschriebenen Verfahren mit jeweils 5 Levels von beiden Seiten treibt und daß bei der gleichzeitigen Verwendung von vier Leitungspaaren außerdem ein signifikantes Übersprechen (Near End Crosstalk) im Gleichtakt untereinander zu erwarten ist, kann man sich vorstellen, daß es sehr schwierig wird, bei hundert Metern Reichweite ein für eine korrekte Erkennung der Signalpegel ausreichendes Signal-Rausch-Verhältnis zu erzielen. Aus diesem Grund benutzt man bei 1000BaseT nicht die 8B10B-Codierung, sondern eine Trellis-Codierung.

Bei der Trellis-Codierung werden acht Datenbits mit einem Parity-Bit versehen und dann ganz geschickt auf die fünf verschiedenen Level der vier Übertragungsleitungen verteilt. Es ergibt sich ein vierdimensionaler Übertragungscode mit acht States, der zwei wichtige Effekte erzielt.

- Die erlaubten Codesequenzen werden auf der Leitung so gewählt, daß die daraus resultierenden Pegelwechsel immer größer sind als bei einer rein zufälligen Auswahl. Daraus resultiert eine Verbesserung des Signal-Rauschverhältnisses von 5,2 dB.
- Durch das zusätzliche Bit wird eine Plausibilitätsprüfung zur Überprüfung der Leitungsqualität erzielt.

## *Scrambling*

Bei der binären Datenübertragung werden nur endlich viele Codegruppen verwendet. Die Häufigkeit dieser Symbole ist sehr unterschiedlich. Aus der Übertragung von Sequenzen, die aus endlichen vielen Symbolen mit unterschiedlicher Häufigkeit bestehen, entsteht ein Frequenzspektrum mit verschiedenen Spitzen in der Energie-/Frequenzkurve. Besonders häufig treten Idle- und Extension-Codegruppen auf, weil sie die Lücken zwischen Frames schließen. Eine Sequenz von Idle-Codegruppen hat bei 10B8B/NRZI-Codierung die Frequenz von 625,0 MHz. Beim Betrieb ohne Scrambling sticht diese Frequenz somit neben anderen Maxima immer deutlich aus dem Frequenzspektrum heraus, was gemäß den unumstößlichen Gesetzen der Physik auch zu einer erhöhten Abstrahlung dieser Frequenz und somit zu Interferenz, sprich Störungen auf anderen Kabelpaaren bzw. mit anderen Geräten führt.

Um diese Spitzen zu glätten und damit das Abstrahlungsverhalten der Leitung vor allem in den Lücken zwischen den Paketen zusätzlich zu verbessern, schreibt der Standard

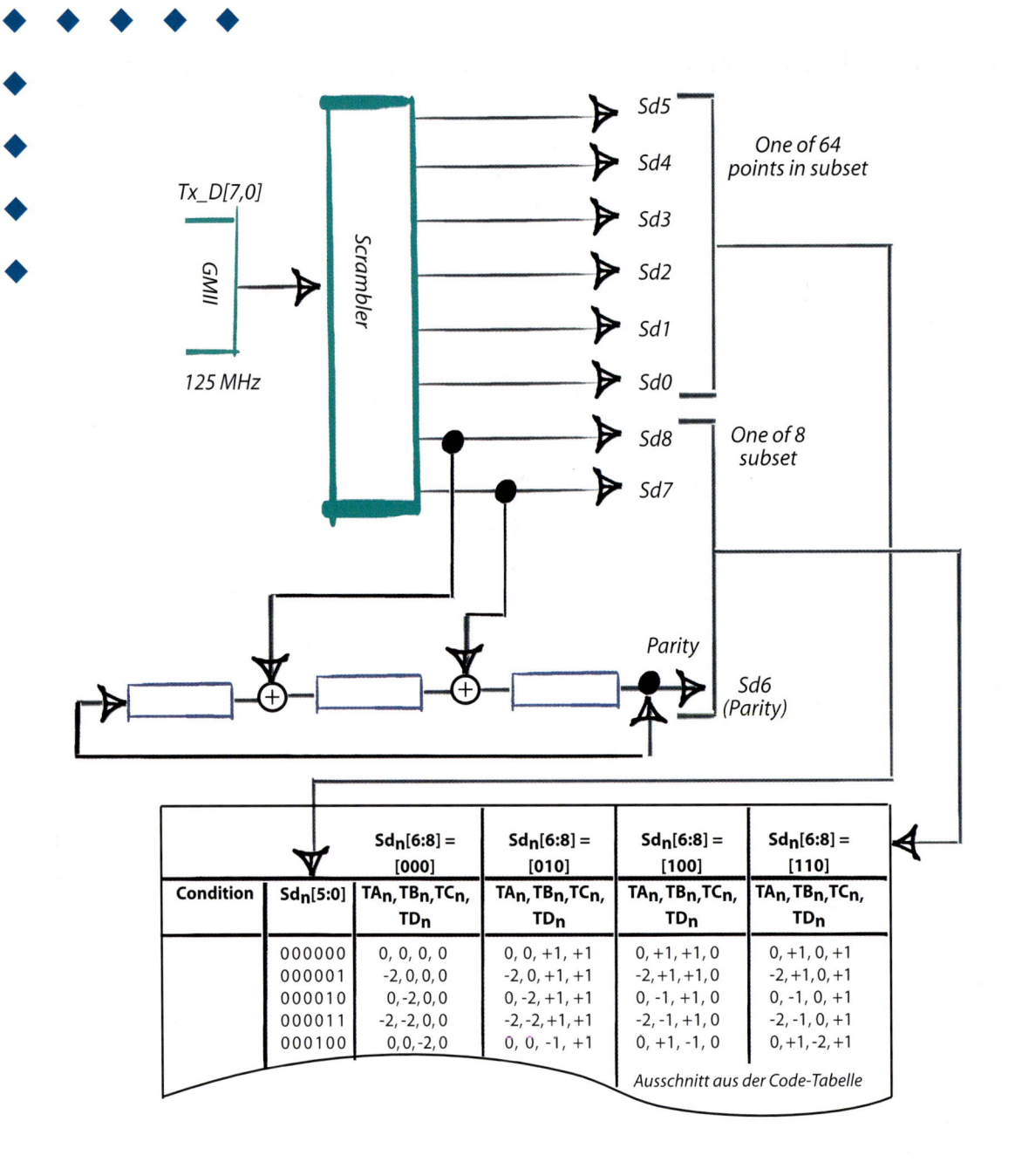

| Condition | $Sd_n[5:0]$ | $Sd_n[6:8] =$ [000] $TA_n, TB_n, TC_n, TD_n$ | $Sd_n[6:8] =$ [010] $TA_n, TB_n, TC_n, TD_n$ | $Sd_n[6:8] =$ [100] $TA_n, TB_n, TC_n, TD_n$ | $Sd_n[6:8] =$ [110] $TA_n, TB_n, TC_n, TD_n$ |
|---|---|---|---|---|---|
| | 000000 | 0, 0, 0, 0 | 0, 0, +1, +1 | 0, +1, +1, 0 | 0, +1, 0, +1 |
| | 000001 | -2, 0, 0, 0 | -2, 0, +1, +1 | -2, +1, +1, 0 | -2, +1, 0, +1 |
| | 000010 | 0, -2, 0, 0 | 0, -2, +1, +1 | 0, -1, +1, 0 | 0, -1, 0, +1 |
| | 000011 | -2, -2, 0, 0 | -2, -2, +1, +1 | -2, -1, +1, 0 | -2, -1, 0, +1 |
| | 000100 | 0, 0, -2, 0 | 0, 0, -1, +1 | 0, +1, -1, 0 | 0, +1, -2, +1 |

Ausschnitt aus der Code-Tabelle

*Blockdiagramm: Scrambling und Trellis-Codierung*

eine Verwürfelung der Daten vor („Scrambling"). Der gewählte Scrambling-Algorithmus arbeitet auf Bitebene, das heißt, der aus dem „PHY"-Controller gesendete unverwürfelte serielle Datenstrom wird mit einer binären Datensequenz addiert.

Das Verfahren ähnelt Verschlüsselungsverfahren mit dem Unterschied, daß die Schlüsselsequenz allen Stationen bekannt ist. Deshalb bietet das „Scrambling" auch keine echte zusätzliche Sicherheit vor unbefugten Zugriffen. Die Schlüsselsequenz ist 2047 Bits lang und wird von der folgenden rekursiven Funktion erzeugt:

$$g_m(x) = 1 + x^{13} + x^{33} \text{ für den Master}$$

$$g_s(x) = 1 + x^{20} + x^{33} \text{ für den Slave}$$

Das Srambling ist gänzlich transparent, das heißt, es beeinflußt in keiner Weise das Betriebsverhalten der Ethernet-PHY-Controller. Systemseitig muß sich der Scrambler so verhalten, als sei er gar nicht vorhanden. Damit bleibt für das sonstige Betriebsverhalten einer Ethernet-Station alles beim alten, allerdings lassen sich mit eingeschaltetem Scrambler die Frames auf der Leitung mit einem Oszilloskop praktisch nicht mehr erkennen.

## *Jede Menge Digitale Signalprozessoren (DSP): Equalisation, Filter, BLW Cancellation und Next Cancelation*

Eine Übertragungsleitung arbeitet wegen der Frequenzabhängigkeit ihrer Dämpfung wie ein Tiefpaß, das heißt, die tiefen Frequenzen werden weniger gedämpft als die hohen. Das Signal verliert dadurch je nach Länge der Leitung bis zum Empfänger seine ursprüngliche Form, vor allem die Signalflanken werden flacher. Damit wird es dem Empfänger schwergemacht, das ursprüngliche Datenmuster zu rekonstruieren. Es gibt zwei Kompensationsmethoden, um dem entgegenzuwirken. Entweder hebt man auf der Senderseite vorsorglich die hohen Frequenzen an (Preequalization) oder man dämpft auf der Empfangsseite die tiefen Frequenzen (Postequalization). Die erste Methode erhöht die elektromagnetische Abstrahlung von hohen Frequenzen, die zweite Methode reduziert das Signal/Rauschverhältnis am Empfänger. Beide Methoden überkompensieren für kurze Leitungen. Bei TP-PMD wird eine dynamische Postequalization verwendet. Das heißt, das Empfangssignal wird abhängig vom empfangenen Signalpegel gefiltert. Damit wird die Frequenzkompensation automatisch in fünf Stufen an die Leitungslänge angepaßt.

Bei 100/1000-Combi-Transceivern muß das Frequenzspektrum möglichst ähnlich sein, damit die im Übertragungspfad liegenden Komponenten (z.B. Pulstransformatoren) gemeinsam genutzt und entsprechend auf geringste Abstrahlung optimiert werden können. Um das zu erreichen, wird der Ausgang eines 1000BaseT-Transceivers einer speziellen Filterung unterzogen. Genau betrachtet wird mit einem solchen „Partial Response Filter" 3/4 des neuen Symbols 1/4 mit dem vorangegangene Symbols addiert.

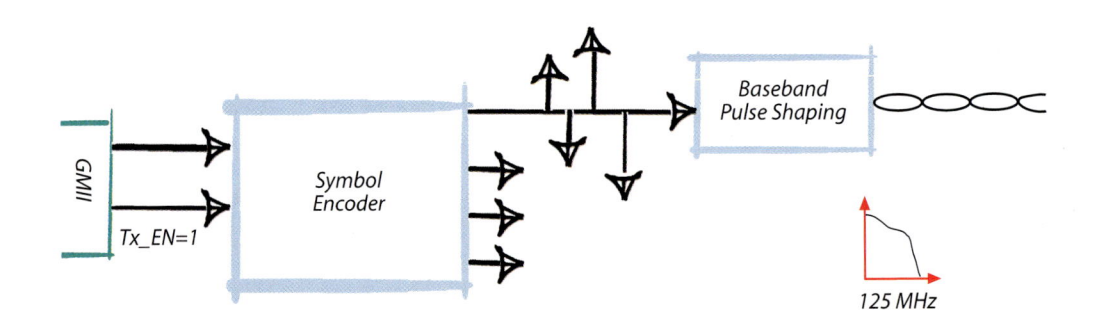

*Anpassung des 1000BaseT-Frequenzspektrums an 100BaseT*

Als wäre das noch nicht genug, wird außerdem mit klassischen Methoden des digitalen Signal Processing das Near End Crosstalk (NEXT) herausgefiltert. Der Trellis-Code ist wiederum so gewählt, daß im Mittel keine Gleichspannung auf dem Kabel entstehen kann. Innerhalb einer Codegruppe kann aber trotzdem noch eine leichte Verschiebung des Bezugspegels auftreten. Dafür wird ebenfalls mit DSPs eine „Baseline Wander Correction" durchgeführt.

| Pinbelegung | |
|---|---|
| Kontakt | Bezeichnung |
| 1 | BI_DA+ |
| 2 | BI_DA - |
| 3 | BI_DB+ |
| 4 | BI_DC+ |
| 5 | BI_DC - |
| 6 | BI_DB - |
| 7 | BI_DD+ |
| 8 | BI_DD - |

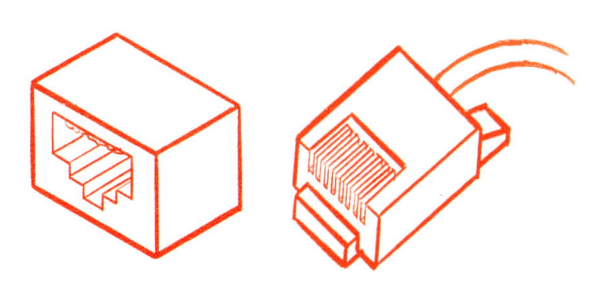

*Stecker und Buchse gemäß IEC 603-7*

# Adaptive Networking:
## Der kürzeste Weg der Information zum Anwender

Die „Adaptive Networking"-Lösung von Bay Networks basiert auf einem intelligenten Netzwerk, das dem Anwender einen störungsfreien, langfristigen Ausbau des Netzes erlaubt. Mit dieser Strategie wendet sich Bay Networks radikal von den bisherigen, konventionellen Designansätzen ab und schützt durch neue Ideen und Produkte sämtliche Investitionen, die ein Unternehmen bereits in seine bestehende Infrastruktur getätigt hat. Die Adaptive Networking-Lösung zeichnet sich insbesondere dadurch aus, daß sich die Produkte sämtlichen Veränderungen (Transportvolumen, Netzstruktur) flexibel anpassen können. Da die Mehrzahl der Unternehmen heute von ihrer IT-Infrastruktur abhängig ist und sich die Applikationen immer schneller verändern, wird das Adaptive Networking von Bay Networks zu einem wichtigen Bestandteil jeder IT-Entscheidung.

Der Konflikt zwischen den strukturierten unternehmenskritischen Applikationen und der chaotischen Umgebung, die durch das neue Kommunikationsverhalten der Anwender im Internet und die Einführung von Intranets hervorgerufen wird, verlangt nach neuen Netzstrukturen. Dazu sind Produkte erforderlich, die eine flexible Anpassung an neue Anforderungen und Situationen ermöglichen. Bay Networks hat diese gegensätzlichen Anforderungen erkannt und mit der Entwicklung eines vollständigen Produktsortiments angemessen darauf reagiert. Die Designphilosophie von Bay Networks basiert auf drei Prinzipien:

1. Das Netzwerk muß sich dynamisch an neue Applikationen anpassen.
2. Verteilte Architekturen arbeiten zuverlässiger und sicherer als zentral aufgebaute Systeme.
3. Kontrolle und Intelligenz müssen über das gesamte Netz verteilt sein. Dadurch läßt sich beim Betrieb des Netzes die höchste Effizienz erreichen.

Da das Kommunikationsverhalten der Anwender in einem Netz nicht vorhersagbar ist, muß das Netzsystem so intelligent und lernfähig sein, daß es auf sich schnell verändernde Bedingungen reagieren kann. Anderenfalls müßte der Anwender diese Anpassungen von sich aus vornehmen. Diese Alternative widerspricht jedoch einem geordneten und automatisierten Netzbetrieb.

## Intranets – Die Herausforderung an den Netzbetrieb

Das Intranet-Konzept hat innerhalb der letzten zwölf Monate sehr viel Beachtung gefunden. Die Ausführungen zu diesem Thema basieren auf den folgenden Grundsatzüberlegungen:

◆ Durch den Einsatz von Web-Browser-Technologien, wie beispielsweise dem Netscape Navigator oder dem Internet Explorer von Microsoft, erhalten Anwender über das unternehmenseigene Netz einen benutzerfreundlichen Zugang zu internen Informationen. Ein Intranet basiert auf Web-Tools und -Technologien (beispielsweise IP, HTML oder HTTP). Es ist Bestandteil eines unternehmensweiten Netzes, über das unternehmenskritische Informationen transportiert werden und das von Netzverantwortlichen kontrolliert und verwaltet wird.

◆ Im Gegensatz zum Internet, das Nutzer in erster Linie als Informationsquelle nutzen, bieten Intranets eine browser-basierende, anwenderfreundliche Bedieneroberfläche, die den Benutzern den einfachen Umgang mit den im Unternehmen eingesetzten Applikationen erlaubt.

◆ Obwohl Netzverantwortliche und Systemadministratoren sich des Potentials von Sprach- und Bildübertragungen über das Intranet bewußt sind, wird der Aspekt der richtigen Netzarchitektur häufig vernachlässigt.

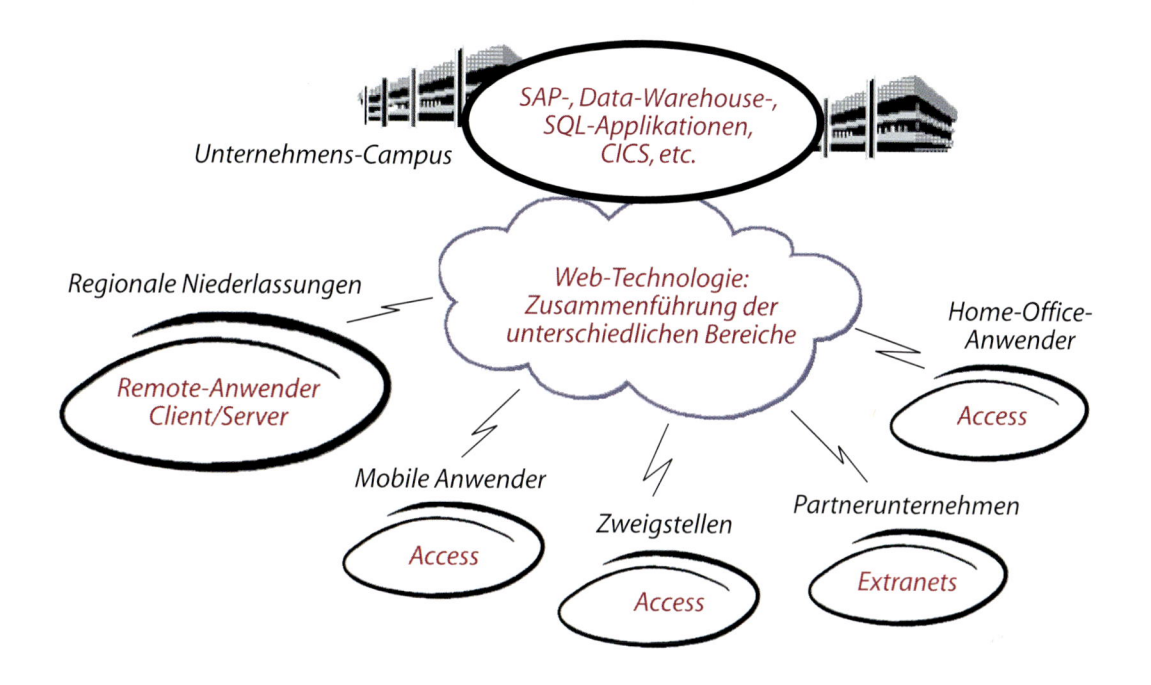

*Standortübergreifende Unternehmensnetze durch neue Applikationen*

Intranets werden oft nur als Ergänzungen zu den bereits bestehenden Unternehmensnetzen angesehen. Obwohl durch die Realisierung eines Intranets mit einer Zunahme des Datenverkehrs gerechnet werden muß, nehmen Netzadministratoren noch immer an, daß die derzeitige Collapsed-Backbone-Architektur ausreicht, um diesen gestiegenen Anforderungen an die Netzperformance zu genügen. Um die Anforderungen an das Netz beurteilen zu können, müssen folgende Teilbereiche des Netzes eingehend untersucht werden:

- Client/Server-Strukturen
- Applikationen
- Netzprotokolle

## Client/Server-Strukturen

Die Intranets sind eine logische Folge der momentanen Entwicklung hin zu zentralen Client/Server-Architekturen. Als Unternehmen begannen, auf Client/Server-Umgebungen umzustellen, wurden die Server in der Regel in den jeweiligen den Endgeräten nahen LAN-Segmenten implemetiert. Üblicherweise wurden über Server im Netz nur bestimmte Aufgaben abgewickelt. Hier dominierten die Fileserver (Bereitstellung von Programmen oder Daten) und die Druckerserver. Jedoch brachte die Verwaltung von einer Vielzahl überall im Unternehmen verteilter PC-basierender Server schon bald administratorische Schwierigkeiten und erhöhte Kosten mit sich. Hierzu zählten beispielsweise Unterbrechungen aufgrund unerwarteter Stromausfälle oder unautorisierte und fehlerhafte Server-Konfigurationen. Um dem entgegenzuwirken und die Server besser zu kontrollieren, gingen Unternehmen dazu über, sogenannte „Server-Farms" einzurichten. Die in einem unternehmensweiten Netzwerk eingesetzten Server wurden an einem physikalisch sicheren, zentralen Standort untergebracht, und Netzverbindungen wurden zwischen den Anwendern und dem Server-Raum geschaffen. Die Folge war die Konzentration des gesamten Datenverkehrs zwischen den Endgeräten der Anwender und den zentral verwalteten Servern.

## Netzwerk-Computer

Inzwischen gelten die Netzwerk-Computer (NC) als wirksames Mittel bei der Kontrolle der Betriebskosten im Desktop-Bereich. Werden die PC-basierten Client/Server-Netze durch NCs ersetzt, so muß sich der Betreiber von NC-Netzen verdeutlichen, daß diese

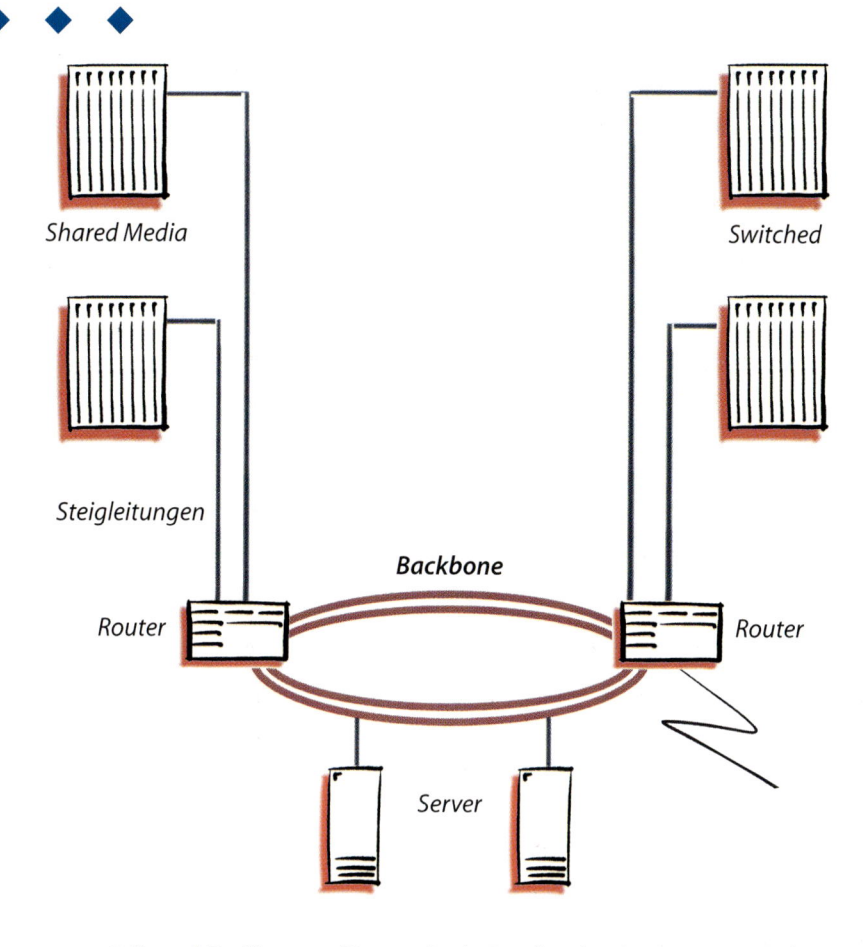

*Collapsed Backbone auf Router-Basis: Das heutige Campus-Netzwerk*

Technologie den Ausbau der vorhandenen LAN-Infrastrukturen erforderlich macht. Eine Umstellung auf reine NC-Umgebungen führt systembedingt zu einer starken Zunahme des Datenverkehrs. Erstaunlicherweise erwarten jedoch viele Netzadministratoren keine wesentlichen Veränderungen hinsichtlich der Verkehrsmuster. So wie sich die Arbeitsumgebung der Nutzer (reine Terminals) durch die Integration von Personalcomputern verändert hat, wird durch die NC-Rechner eine neue Epoche der Kommunikation eingeläutet. Bietet das Netz für die Anforderungen der NCs keine adäquaten Bandweiten, sind „Flaschenhälse" die Folge. Eine solide Netzinfrastruktur muß deshalb die Basis für die Realisierung einer NC-Architektur bilden, denn die Anforderungen an die Bandweite und den Funktionsumfang verändern sich durch ein NC-basiertes Netz. Grundlage einer solchen NC-Architektur ist ein Backbone mit skalierbaren Bandweiten. Den Benutzern und ihren NC-Stationen wird damit ein flexibler Hochgeschwindigkeitszugang zu den zentralen Servern im Unternehmen und zu den verschiedenen Diensten im Netz geboten. In das Netz müssen Managementwerkzeuge zur Überwachung der sich ständig ändernden Verkehrsströme integriert werden. Nur so kann das Netz schnelle Antwortzeiten und Qualität gewährleisten.

## Applikationen

Die neuen Web-Technologien bieten heute eine komfortable Möglichkeit zur bedarfsgerechten Bereitstellung von Informationen. Diese neue Zugangsmöglichkeit verursacht bereits eine starke Zunahme des Datenverkehrs. Darüber hinaus tragen sich viele Unternehmen mit dem Gedanken, die WEB-Browser-Oberflächen in die bestehenden Client/Server-Applikationen zu integrieren. Dadurch soll der Anwender die Möglichkeit erhalten, mühelos auf die verschiedenen Server und die unterschiedlichen Anwendungen zugreifen zu können. Jeder Zugriff auf eine Web-Page erzeugt jedoch eine zu transportierende Datenmenge zwischen fünf und mehrere hundert Kilobyte. Die Grenzen nach oben sind zur Zeit noch offen. Darüber hinaus ist es für Anwender ein Leichtes, sich durch einfaches Anklicken von Hyperlinks von Server zu Server zu bewegen und ständig vom Intranet in das Internet zu wechseln. Der Datenverkehr beschränkt sich selbstverständlich nicht auf ein einziges Gebäude oder das Firmengelände. Die Server können an jedem beliebigen Platz des Unternehmens oder in Zweigniederlassungen untergebracht sein und über das unternehmensweite Netzwerk verbunden werden. Trotz der neuen Benutzeroberfläche, die mit dem Einsatz von Web-Browsern verfügbar ist, glauben viele Netzverantwortliche, daß der Datenverkehr im Intranet weiterhin zwischen den Clients und den Netzzentren (in denen die meisten Unternehmens-Server und Internet-Access-Router stehen) verläuft.

Web-Seiten:
20-100 KBytes
pro Seite

NETSCAPE

NETSCAPE

Steigleitungen

Backbone

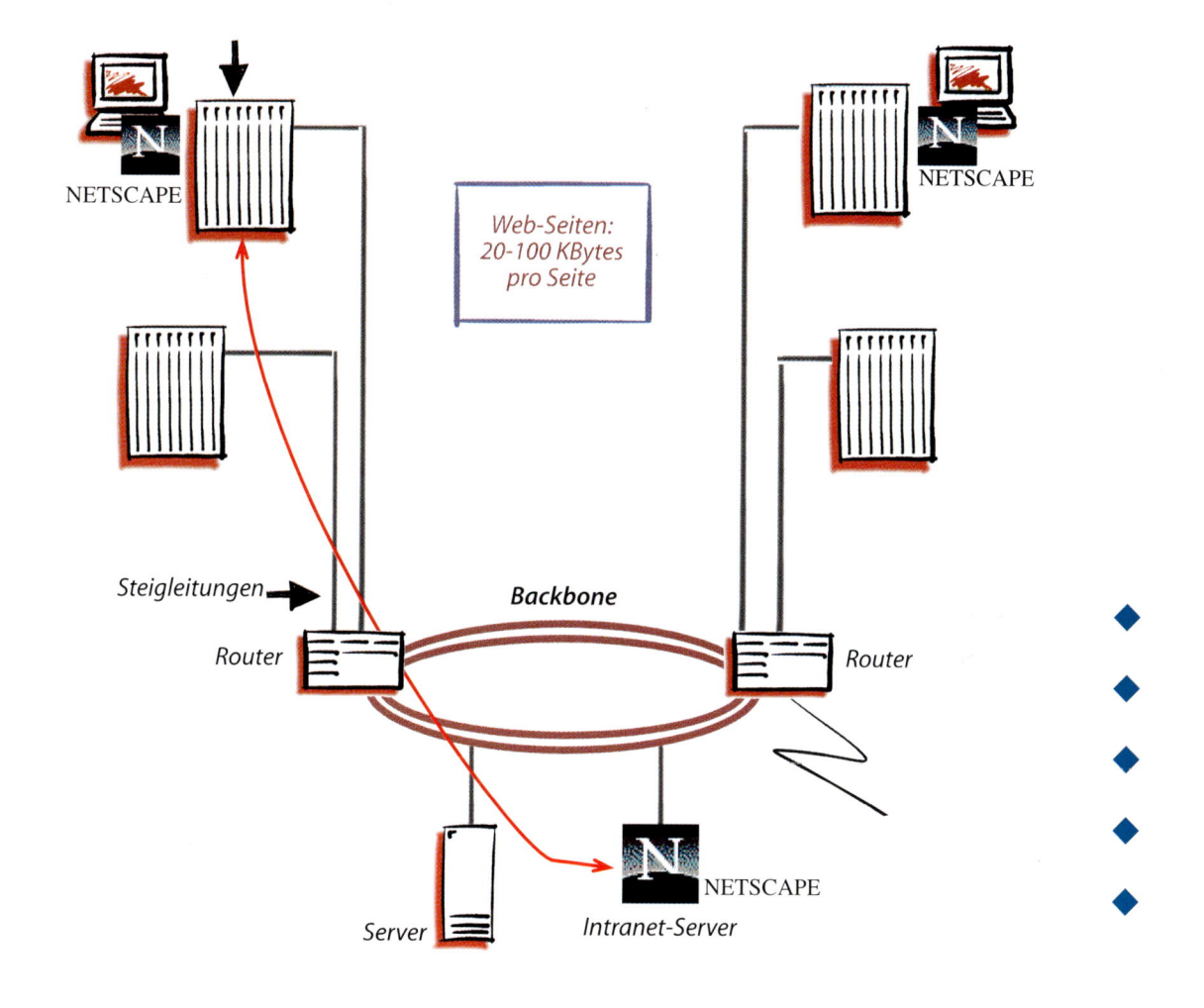

Router

Router

Server

NETSCAPE
Intranet-Server

*Intranetze: Der Datenverkehr steigt immens an*

## Web-Technologien verändern den Umgang der Anwender mit dem Netz

Das alte Netzmodell basierte im wesentlichen auf der Idee der „Einheitsgröße". Die meisten Anwender erhielten die gleichen Daten auf demselben Weg, nämlich durch die Eingabe eines Suchbegriffes (getippt oder – bei fortschrittlicheren Anwendungen – durch Anklicken eines Icons). Die Antwort bestand in der Regel in kleinen Textpassagen, die nett verpackt in einem hübschen Fenster ausgegeben wurden. Der Einsatz von Web-Browsern veränderte den Umgang der Anwender mit dem Computer, dem Netz und anderen Nutzern grundlegend. Dies ist der einfachen Benutzerführung zuzuschreiben, die den Vorteil hat, daß auch Anwender mit keinen oder geringen technischen Kenntnissen schnell verstehen, wie sie sich unter Zuhilfenahme eines Browsers durch das Internet bzw. das Intranet bewegen können. Eine eigens darauf abgestimmte Schulung ist nicht mehr notwendig. Hyperlinks erlauben es den Anwendern, auf bestimmte Informationen direkt zuzugreifen und stellen den unmittelbaren Zugriff auf die Daten sicher. Darüber hinaus sind Hyperlinks leistungsfähige Tools, mit denen Anwendungen installiert, Informationen heruntergeladen, Sprach- und Bewegtbilder abgerufen und weitere Funktionen implementiert werden können – und dies durch einen simplen Klick mit der Maustaste. Die Anwender greifen auf eine Informationsfülle zu, die über das Netz transportiert werden muß. Zwangsläufig verändert sich dadurch der Informationsfluß durch das Netz von Minute zu Minute.

Die Browser-Technologie entwickelt sich mit rasender Geschwindigkeit weiter. Neue Versionen des Netscape Navigators und des Internet Explorers von Microsoft kommen alle drei bis sechs Monate auf den Markt. Jedes Upgrade bringt neue zusätzliche Funktionalitäten mit sich. Verschiedene in die Browser integrierte Elemente sind ausschlaggebend für den Einfluß, den Anwender auf das Netz gewinnen. Hierzu zählen:

## E-Mail-Applikationen

Eine typische E-Mail-Applikation benutzt einen dezentralen E-Mail-Server, auf dem alle Informationen zur Verfügung stehen. Das E-Mail-Gateway im Backbone sorgt für die externe Kommunikation. Der Kommunikationsvorgang ist einfach: Der Benutzer meldet sich an, liest die Mitteilungen, lädt eventuell die Anhänge, die auch auf dem Backbone-Server abgelegt sein können, und versendet neue Meldungen über den Backbone. E-Mail beansprucht nur wenig Bandweite, da sich die Interaktionen zwischen Client und Server sowie die Dateigröße in Grenzen halten. Der Anwender legt gesteigerten Wert auf eine hohe Netzverfügbarkeit und kurze Antwortzeiten.

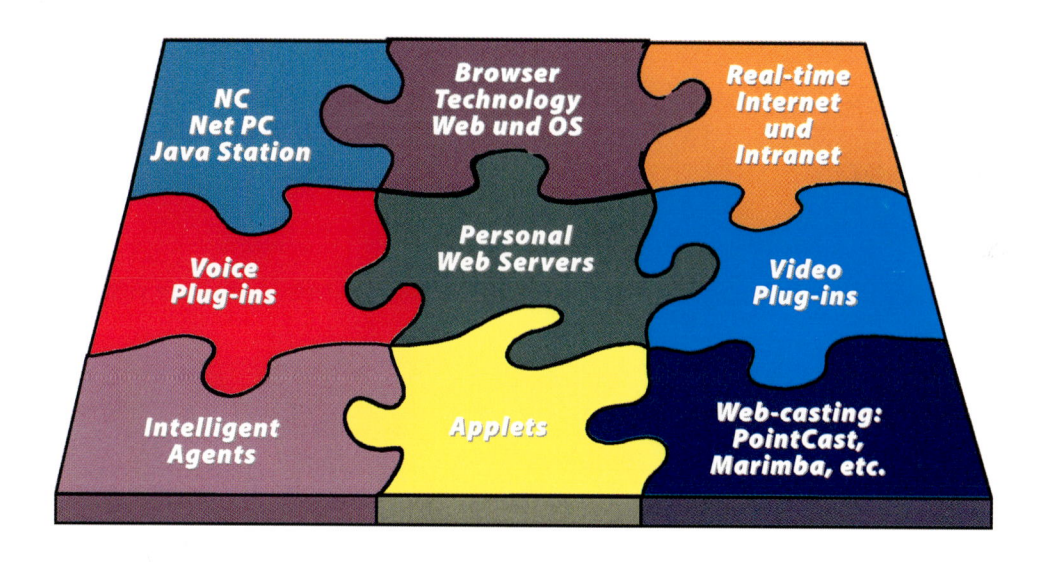

*Das WEB macht es möglich!*

### Erstellen hochauflösender Bilder

In einer solchen Umgebung werden die Daten (Bilder) auf dem lokalen Abteilungs-Server abgelegt. Der Datenverkehr findet immer zwischen Client und Server innerhalb der Arbeitsgruppe statt. Der Backbone wird sporadisch für Daten-Updates, zum Beispiel von anderen Abteilungen, oder für die zusätzliche Speicherung auf dem Sicherungs-Server benutzt.

### Erstellen von Geschäftsanalysen

Der Anwender erstellt themenspezifische Gutachten. Er arbeitet mit der Software auf dem lokalen Server, benötigt für seine Analyse aber Daten, die auf verschiedenen Remote-Servern liegen. Typische Merkmale dieser Anwendungen sind der häufige Datenaustausch zwischen Arbeitsgruppe und Backbone und die hohe Last auf dieser Verbindung.

### Entwicklungssimulation

Bei der Entwicklungssimulation wird lokal ein Modell erstellt. Die benötigten Daten werden aus dem Daten-Server im Backbone geladen. Die Entwicklungssimulation läuft auf dem lokalen Server im Hintergrund ab. Diese Anwendung ist sehr daten- und rechenintensiv und beansprucht eine hohe Bandweite. Das Hauptvolumen der Last fällt im Backbone zwischen den beiden Servern an. Auch die Verbindung zwischen Arbeitsgruppe und Backbone muß eine entsprechende Performance zur Verfügung stellen.

### Imaging Groupware

Eine Entwicklungsabteilung verwendet eine Groupware-Applikation zur Überwachung und Dokumentation der laufenden Projekte. Alle Texte, Bilder und Grafiken, die auf dem

Daten-Server abgelegt sind, werden zu Dokumenten verarbeitet und als Image-Dateien abgelegt. Neubearbeitungen oder Änderungen eines Bildes, einer Grafik etc. werden unmittelbar in allen vorhandenen Dateien festgehalten. Die Anwendung ist sehr datenintensiv (große Dateien). Der meiste Verkehr fließt zwischen Client und Daten-Server im Backbone, hohe Bursts und längere Ruhepausen wechseln sich ab.

## *Videokonferenz*

Zwei Arbeitsgruppen kommunizieren über einen zentralen Video-Server im Backbone. Die Applikation benötigt eine hohe Bandweite im Backbone und in der Arbeitsgruppe dedizierte Bandweite für die Teilnehmer. Die Verzögerungen zwischen den Teilnehmern sollten unter 0,25 Sekunden liegen, sonst geht die Lippensynchronität verloren. Ein flüssiger Dialog ist bei höheren Verzögerungen nicht möglich.

## *Hyperlinks*

Hyperlinks führen den Anwender von Server zu Server. Im Hintergrund werden transparente Verbindungen zu vielen Rechnern aufgebaut. Das Datenvolumen auf dem Netz steigt durch die zahlreichen Web-Pages deutlich an. Derzeigt umfaßt eine Web-Page zwischen zehn und mehreren hundert Kilobyte pro Seite. Auch nimmt – wie bei allen anderen Internet-Anwendungen – die Datenmenge zu.

## *Browser: Plug-Ins und Applets*

Durch spezielle Erweiterungen (Plug-Ins) können Browser viele verschiedene Datenformate verarbeiten. Die Applets (Programmodule) erlauben den Anwendern die unkomplizierte Nutzung von Audio- und Videoanwendungen in den Netzen. Beispiele hierfür sind die CoolTalk- und die I-Phone-Anwendungen, die es zwei Anwendern ermöglichen,

◆ ◆ ◆ ◆ ◆
◆
◆
◆
◆

durch Anklicken eines Hypertext-Links eine Sprachverbindung aufzubauen. Die Video-Plug-Ins (beipielsweise CU-SeeMe) bauen über das Netz eine Videoverbindung zu einem Benutzer auf. Andere Plug-Ins stellen bereits Audio- und Videofunktionen in Echtzeit zur Verfügung. Anwender können während der laufenden Übertragung Sounds hören oder Videoübertragungen via Internet bzw. Intranet empfangen. CoolFusion, Real Audio und VDOLive zählen zu den bekanntesten Video/Audio-Plug-Ins. Durch Virtual Reality Viewer (z.B. Live3D) und Presentation Viewer können beispielsweise Power-Point-Präsentationen auch über große Distanzen hinweg betrachtet werden. In den meisten Personalcomputern sind bereits Mikrofone integriert. Zum PC-Basispaket wird bald auch eine Videokamera gehören.

## Internet-Programmiersprachen

Java (Sun Microsystems) und Active X (Microsoft) sind Internet-Programmiersprachen, die den plattformunabhängigen Einsatz von Applikationen erlauben. Sie brauchen nicht portiert zu werden und erleichtern damit den Einsatz unterschiedlicher Anwendungen. In Zukunft werden nicht nur Programmentwickler, sondern auch die Benutzer an Web-Clients Miniapplikationen mit leistungsfähigen Makros entwickeln, die sie beliebig, beispielsweise für Datenbankabfragen oder Kalkulationsläufe, in Web-Seiten einbinden können. Java-Applets beanspruchen sehr viel Bandweite, denn sobald ein Benutzer auf ein Applet zugreift, wird es zusammen mit der zugehörigen Web-Seite vom Netzwerk-Server heruntergeladen. Die Java-Applets werden aus Sicherheitsgründen nicht auf dem Web-Client hinterlegt, sondern nach Verwendung sofort gelöscht. Noch hält sich die Bandweitenlast der Java-Applets – zwischen 50 000 und 200 000 Bytes – in Grenzen. Doch es ist abzusehen, daß die Anbieter weitaus komfortablere und leistungsfähigere – und somit größere – Java-Applets entwickeln werden.

## Web-Browser und PC-Betriebssysteme

Die Web-Browser wurden bereits in die verschiedenen PC-Betriebssysteme (beispielsweise Microsoft Internet Explorer, Novell IntranetWare) integriert. Die Browser werden zukünftig zur Standardbenutzeroberfläche des Anwenders gehören. Nach und nach werden in modernen Betriebssystemen die Strukturen von Dateien, Ordnern oder Verzeichnissen durch die Objektorientierung ersetzt. Das Betriebssystem behandelt jedes Objekt auf dem Rechner als Dokument und stellt die notwendigen Funktionen zur Verfügung, mit denen Bilder, Sounds und Videos einzubinden sind. Hyperlinks ermöglichen den Zugriff auf diese Informationen. Der Anwender nimmt nicht mehr wahr, woher die verfügbaren Daten ursprünglich stammen – ob von seinem Arbeitsplatzrechner, aus dem Intranet oder dem Internet.

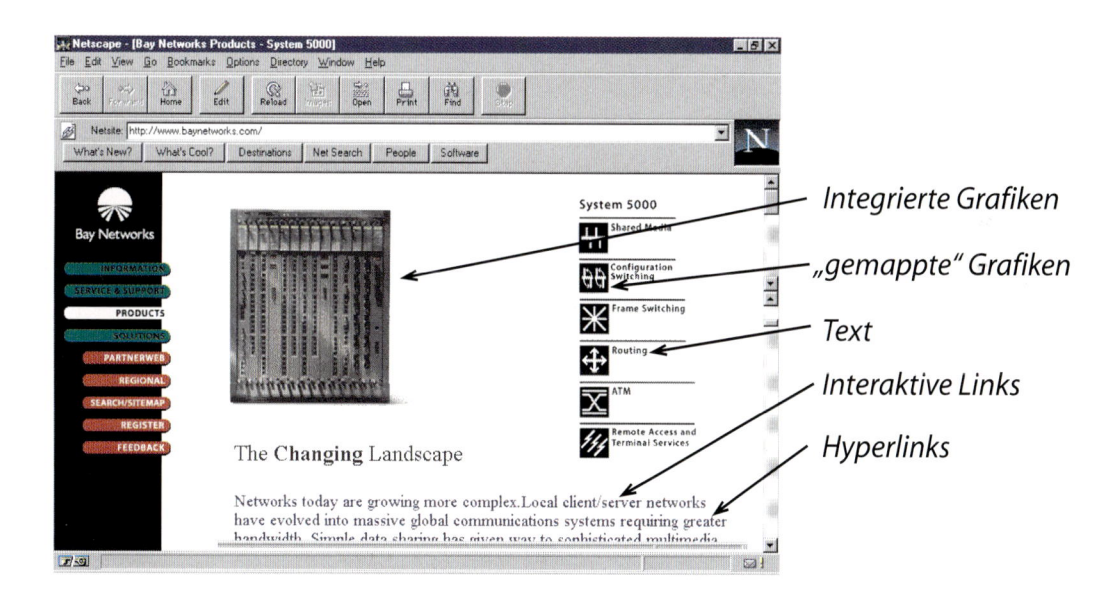

*Prinzip der Intranet-Anwendung*

## *Homepages*

Daß sich jeder Anwender auf seinem Arbeitsplatzrechner eigene Homepages aufbauen kann, zählt wohl zu den revolutionärsten Entwicklungen. Die erforderliche Software kann kostenfrei aus dem Internet bezogen werden, und sie wird bald in den meisten Betriebssysteme integriert sein. Anwender erstellen ihre individuellen Web-Pages, verbreiten Informationen über sich und ihre Tätigkeit im Unternehmen, stellen ihre Fähigkeiten und Talente vor, veröffentlichen ihre tägliche Agenda oder stellen Hyperlinks zu Verfügung, die die Sprach- oder Videoverbindung zu ihrem Arbeitsplatzrechner ermöglichen. Über webbasierende Unternehmensdatenbanken kann dann nicht nur die Telefonnummer eines Mitarbeiters herausgefunden werden. Anwender können über Hyperlinks zur persönlichen Web-Page anderer Mitarbeiter gelangen und Sprach- oder Videoverbindungen aufbauen. Einzelne Anwender werden individuelle Applikationen einsetzen oder Informationen verbreiten, die auch für andere Mitarbeiter des Unternehmens interessant sind. Bei diesen Arbeitsplatzrechnern ist mit einem hohen Datenaufkommen zu rechnen, und sie werden als „inoffizielle" Server des Unternehmens dienen. Zusammengenommen verändern diese Faktoren die Nutzung eines Netzes erheblich. Der Anwender wird, wann es ihm beliebt, die Verbindung zu verschiedenen Servern aufbauen, Informationen dann abrufen, wenn er sie benötigt, Sprach- und Videoverbindungen herstellen – und zwar nicht nur mit Mitarbeitern im Unternehmen, sondern auch global über das Internet. Und bei allen seinen Aktivitäten möchte er nicht vom Netz behindert werden.

Alle oben beschriebenen Funktionen und Vorgänge sind bereits heute schon realisierbar. Die Anwender richten ihre eigenen Systeme so ein, daß sie ohne große Probleme miteinander frei kommunizieren können. Diese freie Kommunikation ist der Schlüssel zur Intranet-Technologie. Mittelfristig muß den Anwendern der Zugang zu einem Maximum an Informationen gewährt werden. Diese neuen sozialen und technischen Phänome verändern nicht nur die Kommunikation zwischen Maschinen, sondern ermöglichen es Menschen weltweit, einfach miteinander zu kommunizieren. Die Anwender benutzen nur die

Browser-Oberflächen, ohne daß ihnen bekannt ist, wer die Applets, die Plug-Ins, die Kameras oder die Netzinfrastruktur zur Verfügung stellt. Die hinter den aktuellen Web-Browsern stehende Struktur ist jedoch genauso entscheidend – wenn nicht sogar wichtiger. Denn wenn das Netz keine adäquaten Bandweiten bietet, sind Flaschenhälse unumgänglich. Ebenso ist die Zuverlässigkeit eines Netzes ein wesentlicher Faktor, da eine einfache Bedienerführung allein nicht ausreicht, um die Zufriedenheit der Anwender mit dem unternehmensweiten Netz sicherzustellen. IT-Manager müssen sich daher die Frage stellen, ob ihre bestehenden Netze den Anforderungen gewachsen sind, die die modernen Applikationen mit sich bringen. Internationale Studien belegen die Erwartungshaltungen der Benutzer: Erfolgt innerhalb von zehn Sekunden keine Antwort, dann geht der größte Teil der Benutzer davon aus, daß der PC die Verbindung verloren hat. Die Benutzer erwarten eine Regelantwortzeit von maximal drei Sekunden. Nur in Ausnahmefällen wird eine Verlängerung der Antwortzeit auf bis zu zehn Sekunden akzeptiert. In vielen Intranet-Netzen ist in der Praxis leider ein gegensätzliches Antwortzeitverhalten zu verzeichnen: Antwortzeiten zwischen zehn und dreißig Sekunden sind keine Seltenheit.

Durch ein angemessenes Redesign der Netze und durch das Upgrade der wichtigen Netzverbindungen kann den Durchsatzengpässen dauerhaft beggenet werden. Dazu gehören die Aufrüstung von Web-Servern und Web-Clients ebenso wie die Abflachung hierarchischer Netzstrukturen, um den gesamten Verkehrsfluß zu beschleunigen. Ein hohes Beschleunigungspotential steckt auch im Redesign der Backbones. Die Clients werden logisch und physikalisch in der Nähe der Server installiert. Die einfachste Lösung ist die Einrichtung zentraler Server-Farmen. Die Clients kommunizieren direkt über den Backbone mit den an dieser Netzressource angeschlossenen Servern. Der Umweg über Koppelkomponenten wird dabei vermieden. Die Installation zusätzlicher Server im Netz macht eine Steigerung der Netzperformance erforderlich.

**59**

**Unternehmenskritische Applikationen**

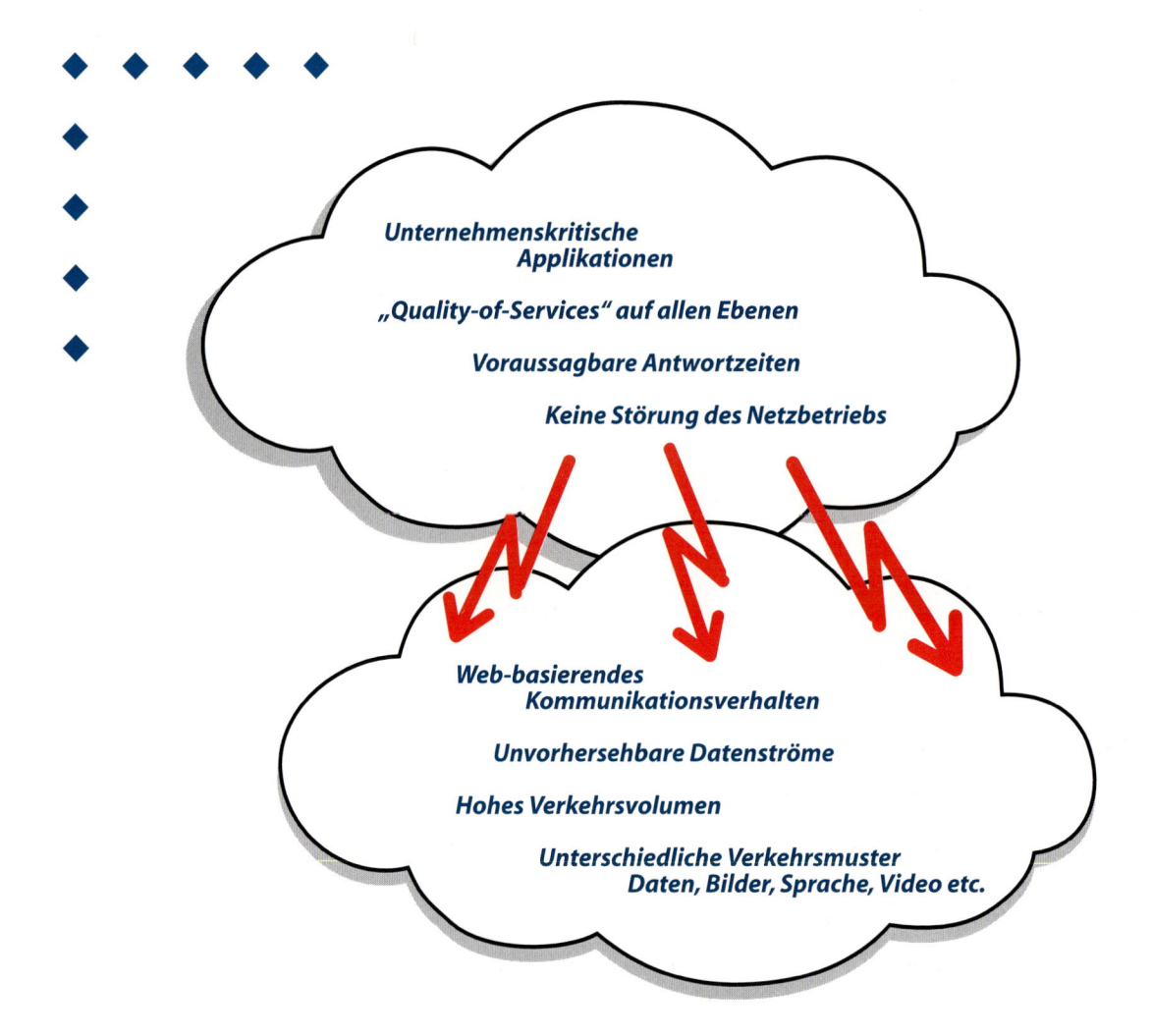

**„Quality-of-Services" auf allen Ebenen**

**Voraussagbare Antwortzeiten**

**Keine Störung des Netzbetriebs**

**Web-basierendes Kommunikationsverhalten**

**Unvorhersehbare Datenströme**

**Hohes Verkehrsvolumen**

**Unterschiedliche Verkehrsmuster
Daten, Bilder, Sprache, Video etc.**

*Das Aufeinandertreffen der unterschiedlichen Welten verursacht Probleme*

# Höhere Protokolle

Zur Übermittlung von Daten zwischen Rechnern müssen zwischen den am Kommunikationsprozeß beteiligten Rechnern die Übertragungsmodalitäten stimmen. Die Kommunikation zwischen Rechnern wird mit Hilfe eigener Sprachen, den Übertragungsprotokollen, geregelt. Ein Netzbetreiber kann aus vielen unterschiedlichen Übertragungsprotokollen auswählen. Diese Protokolle erfüllen mehr oder weniger die gleichen Aufgaben. Aus der Protokollvielzahl haben sich im Laufe der Jahre die TCP/IP-Protokolle als Marktstandard durchgesetzt und verdrängen zunehmend alle anderen Protokolle aus ihren angestammten Einsatzgebieten.

Das Internet Protocol (IP) hat die Kommunikationsstrukturen in den Netzen stark verändert. Inzwischen dominieren die TCP/IP-Protokolle im WAN-Bereich (72 Prozent) und im LAN-Bereich (56 Prozent). Diese Entwicklung zeigt, daß andere Protokolle zunehmend zu Randerscheinungen der Datenkommunikation werden. Der große Durchbruch der TCP/IP-Protokolle zum LAN-Standard erfolgte innerhalb der letzten zwölf Monate. Noch vor einem Jahr wurde die Hitliste der gebräuchlichsten Protokolle im LAN-Bereich von den Novell IPX/SPX-Protokollen mit 24,5 Prozent Marktdurchdringung angeführt. Die TCP/IP-Protokolle kamen damals auf einen Marktanteil von nur 23,8 Prozent. In der Vergangenheit wurden von den Herstellern die Anwendungen nach der bewährten 80/20-Regel entwickelt. Es wurden nur solche Anwendungen auf den Markt gebracht, die die Spitze der Anwender (zwanzig Prozent) adressierten und für die gleichzeitig ein Marktpotential von achtzig Prozent prognostiziert wurde. Die 80/20-Regel gehört seit der Einführung der Web-Technik der Vergangenheit an. Die Business-Daten in den Mainframes und LANs können ohne Modifikationen weltweit genutzt werden. Neben den reinen Transaktionen bietet das IP-Protokoll zusätzliche Eigenschaften wie beispielsweise Zuverlässigkeit, Skalierbarkeit, Security und ein ausgereiftes Management, welches bei anderen Protokollen bisher nur theoretisch zur Verfügung stand. Inzwischen ist eine Art Schneeballeffekt zu beobachten. Die zunehmende Globalisierung der IT-Industrie und der Wettbewerbsdruck, dem die Firmen unterliegen, sorgen immer schneller dafür, daß sich die IT- und Netzmanager von den proprietären bzw. Herstellerstandards verabschieden. Der einzige Grund, warum zum Beispiel die SNA-Protokolle in vielen Unternehmen noch am Leben erhalten werden, ist die weite Verbreitung dieser Protokolle und der Anwendungen in der Geschäftswelt und den jeweiligen Geschäftsprozessen. Der Umbau der LAN-Protokolle wird fortgesetzt. Glaubt man den Marktanalysten, so werden bis zum Jahr 2000 in 75 Prozent aller Firmen-LANs die IP-Protokolle eingesetzt werden.

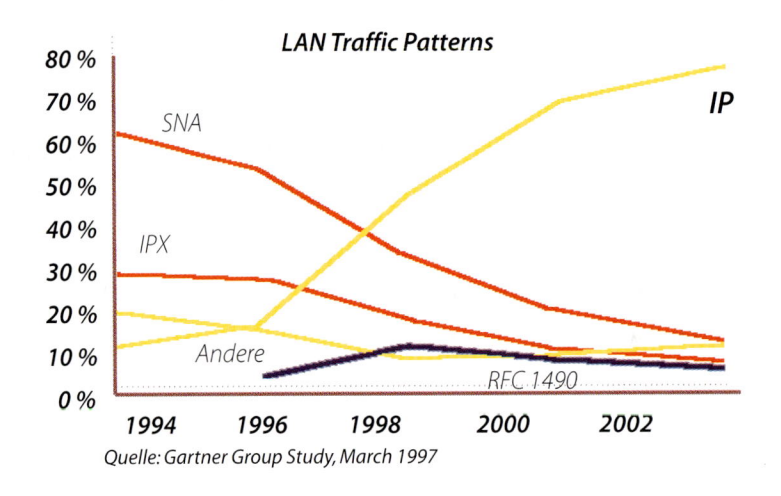

*Die Migration zu IP geht weiter!*

Die Dominanz der TCP/IP-Protokolle reduziert die Probleme der Netzmanager auf Funktionen wie Quality-of-Service und das Bandweitenmanagement. Die üblichen Probleme, die bei der simultanen Verwendung unterschiedlicher Protokolle auftreten, entfallen. Auch die Anbieterlandschaft hat sich verändert. Die Integration von TCP/IP in die Windows 95- und Windows NT-Betriebssysteme hat diesen Trend verstärkt, der die Grundlage für eine schnelle Adaption der IP-Protokolle im Client/Server-Umfeld darstellt. Auch die Firma Novell konnte sich dieser Entwicklung nicht verschließen und bieten heute umfassende TCP/IP-Lösungen unter Netware. Mit seiner IntranetWare-Plattform bewegt sich nun auch Novell in Riesenschritten auf eine reine IP-Company zu. Inzwischen haben die TCP/IP-Protokolle einen Punkt erreicht, an dem Teile der Software in die Hardware implementiert werden können. So hat beispielsweise die Firma Bay Networks einen Routing Switch Processor (RSP) entwickelt, der bis zu 1,5 Millionen IP-Pakete/s auf der Schicht 3 übertragen kann. Die IP-Pakete werden dabei vollständig in der Hardware abgearbeitet.

Der Trend zum einheitlichen Protokoll bringt dem Anwender folgende Vorteile:

## Mehr Wettbewerb

Durch den verstärkten Wettbewerb der Produkte, die auf der Basis der TCP/IP-Protokolle arbeiten, müssen sich die Hersteller darum bemühen, daß sich ihre Produkte von denen der Konkurrenten gravierend unterscheiden. Dieser Innovationsdruck führt zur schnellen Entwicklung neuer Funktionen und Möglichkeiten. Im Bereich der TCP/IP-Protokolle sind das beispielsweise die folgenden Bereiche: Autokonfiguration, Benutzerfreundlichkeit, Namensdienste, Quality-of-Service, Routing, Sicherheit, Performance, Management usw. Letztendlich müssen die TCP/IP-Produkte für einen flächendeckenden Einsatz – insbesondere im Home-Bereich – noch viel anwenderfreundlicher werden. Es muß langfristig möglich sein, daß auch ein Laie, der nichts von den technischen Aspekten (IP-Adressen, Subnetzmasken, Domain-Namen usw.) versteht, die TCP/IP-Produkte installieren bzw. angemessen handhaben kann.

## Höhere Marktdurchdringung

Die Implementierung der TCP/IP-Protokolle in die Hardware (ASIC-Chips) steigert die Verarbeitungsgeschwindigkeit. Eine höhere Marktdurchdringung führt zu einem höheren Produktionsvolumen, was wiederum die Herstellungskosten reduziert. Gerade in diesem Bereich tragen die in die Silicon-Chips implementierten Protokolle zur Preissenkung bei. Die Produkte werden also nicht nur zuverlässiger, sie werden auch preiswerter.

## Größere Auswahl

Der Netzbetreiber hat durch das breitgefächerte Angebot an Standardprodukten eine größere Auswahl, und die Auswahlmöglichkeit der Produkte reduziert die Abhängigkeit von den Herstellern. Die Vertriebs- und Marketingstrategen der Hersteller verlieren so die Kontrolle über das IT-Budget ihrer Kunden. Diese Erweiterung der Auswahlmöglichkeiten korrespondiert mit einem Upgrade an Wissen. War früher der Kunde auf Gedeih und Verderb dem Hersteller ausgeliefert, kann und muß er seine Entscheidung heute selbst treffen. Er muß sich mit den Produkten auseinandersetzen und eine gewisse Kompetenz zur Auswahl der richtigen Produkte erwerben. Auch im Personalbereich führt die Standardisierung der Produkte und der Protokolle zu einer Entspannung der Lage. Konnten früher die Spezialisten nur mit astronomischen Lockangeboten geködert werden, so sorgt nun die Standardisierung dafür, daß das Wissen um die Funktionen einzelner Produkte und Protokolle zum Allgemeingut wird. Damit sinkt der Wert des Wissens, und neue Mitarbeiter können zu „normalen" Konditionen in das Unternehmen integriert werden. Bei den Neueinstellungen ist diese Veränderung bereits spürbar. So suchen die Firmen jetzt nach Personal mit Kompetenzen in den Bereichen: Aufbau von Intranets (58 Prozent), Aufbau von Web-Technologien (56 Prozent) und Betrieb von TCP/IP-Netzen (55 Prozent).

Die Ausrichtung der Protokollwelt auf den TCP/IP-Standard trägt zur Vereinfachung der Netze und zur Reduktion der Betriebskosten bei. Die TCP/IP-Produkte bieten inzwischen alle Möglichkeiten einer offenen Kommunikation, die zur Integration neuer Anwendungen notwendig sind und das problemlose Zusammenarbeiten mit den unterschiedlichen Rechnern und Betriebssystemen garantieren.

## Applikationen sind die treibenden Kräfte des Markts

Mit der Erweiterung bestehender Netzapplikationen und der Entwicklung von hochauflösenden Grafik-, Video- und ähnlichen Anwendungen wird vom Netz und den darin installierten Komponenten (Desktops, Server, Hubs und Switches) eine immer höhere verfügbare Bandweite gefordert. In der nachstehenden Tabelle werden die jeweiligen Applikationen und ihre Auswirkungen auf das Netz aufgelistet. Die Ursache für den drastischen Anstieg der für die Übertragung notwendigen Bandweite liegt in der Kombination der Applikationen mit der zunehmenden Anzahl der vernetzten Endgeräte. Viele dieser Applikationen übertragen kontinuierlich große Datenmengen (im Bereich von einigen MBytes bis zu mehreren TBytes) über das Netz. Moderne Applikationen im Wissenschaftsbereich benötigen inzwischen ebenfalls extrem hohe Bandweiten auf dem Netz. Zur dreidimensionalen Berechnung und Darstellung von komplexen Molekülen, Windkanal- oder Crash-Simulationen werden über die Netze zahlreiche Rechner gekoppelt und bilden so einen virtuellen High-Speed-Rechner. Im Printmedienbereich werden Magazine, Broschüren, Datenblätter und andere komplexe farbige Publikationen direkt an den Desktop-Computern erstellt und über das Netz an digitale Drucker übertragen. Im Bereich der Medizin werden digitalisierte Röntgenbilder zusammen mit den Krankenblättern der Patienten an die jeweiligen Fachärzte übermittelt. Doch nicht nur die Computerisierung von Spezialgebieten läßt die Netzlast förmlich explodieren, auch der Aufbau von Intranets, die Einführung von WWW-Technologien in den Netzen und die Installation neuer Generationen von Client/Server-Applikationen sprengen die bisherigen Netzgrenzen.

| Applikation | Datentypen | Beschreibung | Anforderungen |
| --- | --- | --- | --- |
| Modeling, Entwicklung | Daten-Files im MByte- bis GByte-Bereich | Zunahme großer Files, hohe Bandweite gefordert | Hohe Bandweite für Desktops, Server und Backbone-Bereich |
| Publikationen, Medizinische Anwendungen | Daten-Files im MByte- bis GByte | Zunahme großer Files, Hohe Bandweite gefordert, | Hohe Bandweite für Desktops, Servers und Bereich Backbone |
| Internet/Intranet | Heute: Übertragung von Daten und Audio Zukunft: Video | Zunahme großer Files, Hohe Bandweite gefordert geringe Verzögerung hohe Transaktionsraten große Files, 1 MByte bis 100 MByte | Hohe Bandweite für Server und Backbone geringe Verzögerung während der Übertragung, Garantierte Service klassen, Hohes Volumen an Datenströmen |
| Data Warehousing | Daten-Files im Gigabyte- bis Terabyte | Zunahme großer Files, Hohe Bandweite für - Server und Backbone | Hohe Bandweite gefordert Bereich geringe Verzögerung |
| Netz-Backup | Daten-Files im Gigabyte- bis Terabyte-Bereich | Vielzahl großer Files, Übertragung während eines definierten Zeitintervalls | Hohe Bandweite für Server und Backbone geringe Verzögerung |
| Desktop Video Conferencing, Interaktives Whiteboarding | konstante Datenströme 1,5 bis 3,5 MBit/s zum Desktop | Garantierte Serviceklassen, Hohes Volumen an Datenströmen | Hohe Bandweite für Server und Backbone geringe, definierbare Verzögerung |

*Zusammenfassung der Anforderungen an die Netze*

Die schlichten textorientierten Daten, Grafiken und Images werden durch Audio-, Video- und Sprachanwendungen erweitert und erfordern eine Erhöhung der verfügbaren Bandweite.

Zu den neuesten Entwicklungen im Bereich der Applikationen gehört das Data Warehousing. Durch diese Applikationen können sämtliche Daten eines Unternehmens zusammengeführt und analysiert werden. Der Betriebsleiter kann damit beispielsweise die gewünschten Informationen in Reports zusammenfassen. Dabei werden weder die Performance, noch die Sicherheit und Integrität des jeweiligen Produktionssystems beeinflußt. Ein Warehouse-System kann in der Praxis auf mehrere Gigabyte bzw. Terabyte an Informationen zugreifen. Diese Daten sind auf den vernetzten Computerplattformen verteilt. Die Informationen müssen kontinuierlich einem Update unterzogen werden, da die Reports und Analysen der Geschäftsprozesse annähernd in Echtzeit ablaufen müssen.

Auch der über das Netz ausgeführte Backup von Servern und die Installation von Massenspeichersystemen sind die logische Folge der immer stärkeren Durchdringung der Geschäftswelt durch die Computer. Die geschäftskritischen Daten müssen in regelmäßigen Abständen archiviert werden. Ein Backup der Systeme erfolgt in der Regel in den betriebsfreien Stunden (beispielsweise in der Nacht). Bei einem Backup wird während des Zeitraums (zwischen vier bis acht Stunden), in dem dieser Prozeß abläuft, eine hohe Bandweite im Netz erforderlich. Während des Backups werden mehrere Gigabyte bzw. Terabyte an Daten über das Netz übermittelt.

Eine weitere „Killer-Anwendung" ist die Übermittlung von Videos. Nach einer in den USA durchgeführten Marktuntersuchung gehören Videoanwendungen zu den Favoriten in der weiteren Entwicklung der Computerindustrie. Inzwischen werden PCs ausgeliefert, die ein MPEG-Decoding auf Basis kostengünstiger Chipsets enthalten. Zu den neuen Videoanwendungen zählen u.a. Video Conferencing und Tele-Learning, die von einer Reihe namhafter Firmen (InSoft, Parallax, Starlight Networks, Network Connection und Vtel) entwickelt werden. Diese Anwendungen haben eines gemeinsam: sie benötigen ein immer höheres Maß an verfügbarer Bandweite bis hin zum Desktop. Daher müssen die videofähigen Netze auf ihren Einsatz vorbereitet werden. So fordern die Netzbetreiber Migrationsstrategien, die auch in Zukunft das weitere Anwachsen der Datenlasten verkraften werden. Um eine unkomplizierte Migration zu gewährleisten, enthält die Wunschliste der Netzbetreiber und der Netzadministratoren folgende Punkte:

- einfache Migration ohne Unterbrechung des Datenverkehrs
- Skalierbarkeit des Netzes und eine einfache Verbesserung der Netz-Performance
- geringe Beschaffungs- und Betriebskosten
- erhöhte Flexibilität bei der Einführung neuer Applikationen und Datentypen

Einer der wichtigsten Punkte bei der Migration auf einen neuen Übertragungsmechanismus ist, wie ein Netzadministrator die verfügbare Bandweite schnell und effizient erhöhen kann, ohne den Betrieb des Netzes zu stören. Im Idealfall erfolgt eine Umstellung, ohne daß der Anwender etwas vom Umbau des Netzes bemerkt. Das Ethernet stellt aufgrund seiner Skalierbarkeit als einziger Übertragungsmechanismus (neben der ATM-Technik) unterschiedliche Bandweiten für die jeweiligen Anforderungen zur Verfügung. Bisher konnte im Ethernet-Bereich mit der 10-MBit/s-Ethernet- und der 100-MBit/s-Fast-Ethernet-Version ein zweistufiges Migrationskonzept realisiert werden. Durch die Verabschiedung des Gigabit-Ethernet-Standards und die Auslieferung der ersten Gigabit-Produkte wurde jetzt auch im Ethernet-Bereich der dritte Schritt zum Ultra-Highspeed-Netz vollzogen. Die Skalierbarkeit des Ethernet-Standards ermöglicht über Switches und Router die problemlose Anbindung von langsamen Ethernet-Endgeräten an einen Highspeed-Backbone. Da das Paketformat für alle verfügbaren Ethernet-Technologien identisch ist, müssen beim Übergang zwischen den einzelnen Standards keinerlei Anpassungen vorgenommen werden. Dadurch werden die Beschaffungskosten für das Netz deutlich gesenkt. Das erweiterte Ethernet schützt getätigte Investitionen und sorgt dafür, daß die Lebenszeit der installierten Ethernet-Komponenten länger wird. Gleichzeitig hat die skalierbare

Ethernet-Technologie erhebliche Auswirkungen auf die Betriebskosten eines Netzes. Das vorhandene Administrations- und Troubleshooting-Personal der Unternehmen kann ohne weiteres alle drei Ethernet-Standards ohne zusätzliche Schulungen installieren, konfigurieren und somit die Netze kostengünstig betreiben.

## *Herausforderungen für moderne Netze*

Die neuen Applikationen und die Integration von Internet- und Intranet-Strukturen zeigen deutlich auf, wie wichtig die Netzinfrastruktur für die Umsetzung eines umfassenden Business-Konzepts ist. Die Anforderungen, die an die Funktionsweise unternehmensweiter Netze gestellt werden, verändern sich auf eine Art und Weise, mit der niemand gerechnet hat. Server befinden sich nicht länger in zentralen Server-Räumen, sie sind jetzt überall im unternehmensweiten Netz verteilt. Anwender verfügen über eigene Web-Pages, und jeder Arbeitsplatzrechner dient in Zukunft auch als Server. Damit wird das vertraute Client/Server-Modell völlig auf den Kopf gestellt. Dies hat Auswirkungen:

- Der Datenverkehr steigt schneller an als angenommen.
- Die Verkehrsmuster sind nicht mehr voraussagbar.

Viele der heute verfügbaren Netzarchitekturen sind nur unter großem Material- und Zeitaufwand an die jeweiligen Business-Konzepte anzupassen. In den Netzen wird eine Architektur benötigt, die dem Gedanken der Flexibilität und der Dynamik Rechnung trägt. Die Basis bildet ein verteilter Backbone mit skalierbaren Bandweiten. Den Benutzern wird damit ein flexibler und kostenneutraler Hochgeschwindigkeitszugang zu den zentralen Servern im Unternehmen und zu den verschiedenen Diensten im Netz geboten. Darüber hinaus müssen in das System Managementwerkzeuge integriert werden, die die sich ständig ändernden Verkehrsströme überwachen können. Nur so sind die schnellen Antwortzeiten und die Qualität sicherzustellen. Die funktionellen Anforderungen an eine unternehmensweite Netzarchitektur lassen sich so zusammenfassen:

Eine hohe Qualität und ein hoher Datendurchsatz müssen bis hin zu den Workstations der Endanwender gewährleistet sein. Das bedeutet jedoch nicht, daß alle Rechner die gleiche Art der Verbindung benötigen. Für viele Anwender wird der Anschluß an Shared-Media-LANs auch in Zukunft noch ausreichen. Einige Benutzer sorgen durch ihre Anwendungen dafür, daß eine hohe Datenlast zu internen und externen Ressourcen erzeugt wird. Diese Benutzer müssen über dedizierte Ethernet-Verbindungen (10 MBit/s, 100 MBit/s oder 1000 MBit/s) angeschlossen werden. Der Backbone muß eine skalierbare Bandweite gewährleisten.

Da der reibungslose Arbeitsablauf innerhalb eines Unternehmens von der zugrunde liegenden Netzinfrastruktur abhängig ist, muß der gesamte Backbone einen höchstmöglichen Grad an Verläßlichkeit aufweisen.

Immer mehr Applikationen erfordern die Bereitstellung von Quality-of-Service (QoS)-Diensten. Folgende Funktionen sind daher bei den Netzkomponenten unerläßlich:

- Unterscheidung des Datenverkehrs nach dessen unterschiedlichen Prioritäten
- automatische Unterscheidung von Protokollen und Verkehrsmustern und eine dementsprechende Priorisierung
- Unterstützung von QoS-orientierten Protokollen wie Resource Reservation Protocol (RSVP)
- Unterstützung von Multicast-Services

Ausschlaggebend für die erfolgreiche Anpassung des unternehmensweiten Netzes an die modernen Applikationen ist der Einsatz eines effizienten Verkehrsmanagements. Hierzu zählen die Möglichkeiten, den Datenverkehr zu überwachen und aufzuzeichnen, Trendanalysen durchzuführen, Performance-Probleme zu beseitigen und alternative Netztopologien zu simulieren. Ein solches Management-Tool unterscheidet sich grundlegend von den Alarm-, Konfigurations- und Verwaltungsapplikationen der eingesetzten Systeme.

Das Netz sollte auf Techniken und Architekturkonzepten basieren, die langfristig Bestand haben. Neben der Unterstützung offener Standards müssen die eingesetzten Komponenten eine Migration zu neuen Technologien sicherstellen.

Der IT-Manager muß begreifen, daß um ihn herum bereits die Internet/Intranet-Revolution tobt. Diese Ressourcen sind nicht nur eine Ergänzung der heutigen Netze, sondern die wahren Ursachen für das soziale und technische Phänomen des Wandels. Die altbewährten und bekannten Konzepte haben keinen Bestand mehr. Das Internet und die Intranets erzeugen einen Verkehrsfluß und ein Verkehrsvolumen, das nicht kalkulierbar ist.

# Gigabit-Ethernet-Migration

Durch die Verfügbarkeit der Gigabit-Ethernet-Technologie kann die Bandweite im Netz deutlich erhöht werden. Bis zu 14,5 Millionen Pakete pro Sekunde können übertragen werden. Die Installation eines Gigabit-Switches erlöst den Netzbetreiber von den Nachteilen eines frame-basierten Backbones. Nie wieder überlastete Verbindungen, nie wieder Engpässe in den Switches. Einfach, schnell und preiswert werden die Probleme gelöst. Der allseits propagierte Performance-Boost und die niedrigen Preise sorgen dafür, daß die Gigabit-Ethernet-Technik den Sieg im Wettstreit der Technologien davontragen wird. Als Weiterentwicklung der bekannten Ethernet-Technologien (10 MBit/s und 100 MBit/s) wird das Gigabit-Ethernet in folgenden Netzbereichen eingesetzt:

◆ schnelle Systeme (Rechner, Server)
◆ superschnelle Backbones

Die Einführung von Fast-Ethernet im Endgerätebereich (Desktops) macht eine Bandweitenerhöhung im Backbone erforderlich. Ähnlich wie beim alten, traditionellen Ethernet mit 10 MBit/s wird jedoch durch eine weitere Steigerung der Geschwindigkeit von Endgeräten (schnelle Systembusse, I/O-Controller und Memory-Chips) die Gigabit-Ethernet-Technik mit der Zeit auch im Desktop-Bereich einziehen. Daher werden die ersten Gigabit-Ethernet-Produkte ausschließlich Lösungen für den Backbone (Steigebereich) und im Campus-Bereich bieten. In diesen Bereichen wird die verfügbare Bandweite zwischen den Backbone-Komponenten (Switch-zu-Router, Switch-zu-Switch, Switch-zu-Server und Repeater-zu-Switch) deutlich erhöht.

| |
|---|
| Upgrade von Switch-zu-Server-Verbindungen |
| Upgrade von Switch-zu-Switch-Verbindungen |
| Upgrade des Switched Fast-Ethernet-Backbones |
| Upgrade des Shared FDDI-Backbones |
| Upgrade der High-Performance Desktops |

*Upgrade-Szenarien für das Gigabit-Ethernet*

## Upgrade von Switch-zu-Server-Verbindungen

Das einfachste Upgrade-Szenarium sieht die Aufrüstung von Fast-Ethernet-Switches auf Gigabit-Ethernet-Switches vor. Die Switches agieren in diesem Beispiel als superschnelle Verteilkomponenten für Server-Farmen (bestehend aus High-Performance-Super-Servern). Die einzelnen Super-Server werden dabei mit einer oder mehreren Gigabit-Ethernet-NIC-Karten ausgerüstet. Die Abbildungen zeigen das Netz vor und nach dem Upgrade auf Gigabit-Ethernet.

## Upgrade von Switch-zu-Switch-Verbindungen

Mit der Gigabit-Ethernet-Technologie erfahrt auch der Bereich der Steigleitungen in den Gebäuden ein Upgrade auf eine neue Performance-Qualität. Dabei wird die Verbindungsgeschwindigkeit zwischen 100-MBit/s-Fast-Ethernet-Switches (100/1000-Switches) oder Repeatern (100/1000-Repeater) um den Faktor 10 erhöht. Die dadurch zur Verfügung stehende Bandweite der Switch-zu-Switch-Verbindungen sorgt dafür, daß eine wesentlich größere Anzahl an gesharten Fast-Ethernet-Segmenten oder geswitchten Endgeräten ohne Performance-Engpässe über den Backbone kommunizieren können. In den Abbildungen wird das Netz vor und nach dem Upgrade auf Gigabit-Ethernet gezeigt.

## Upgrade von Switched Fast-Ethernet-Backbones

Die im Backbone installierten 10/100-Ethernet-Switches werden durch Gigabit-Ethernet-Switches ersetzt bzw. bei einem modular aufgebauten Switch (Switching Hub) auf die

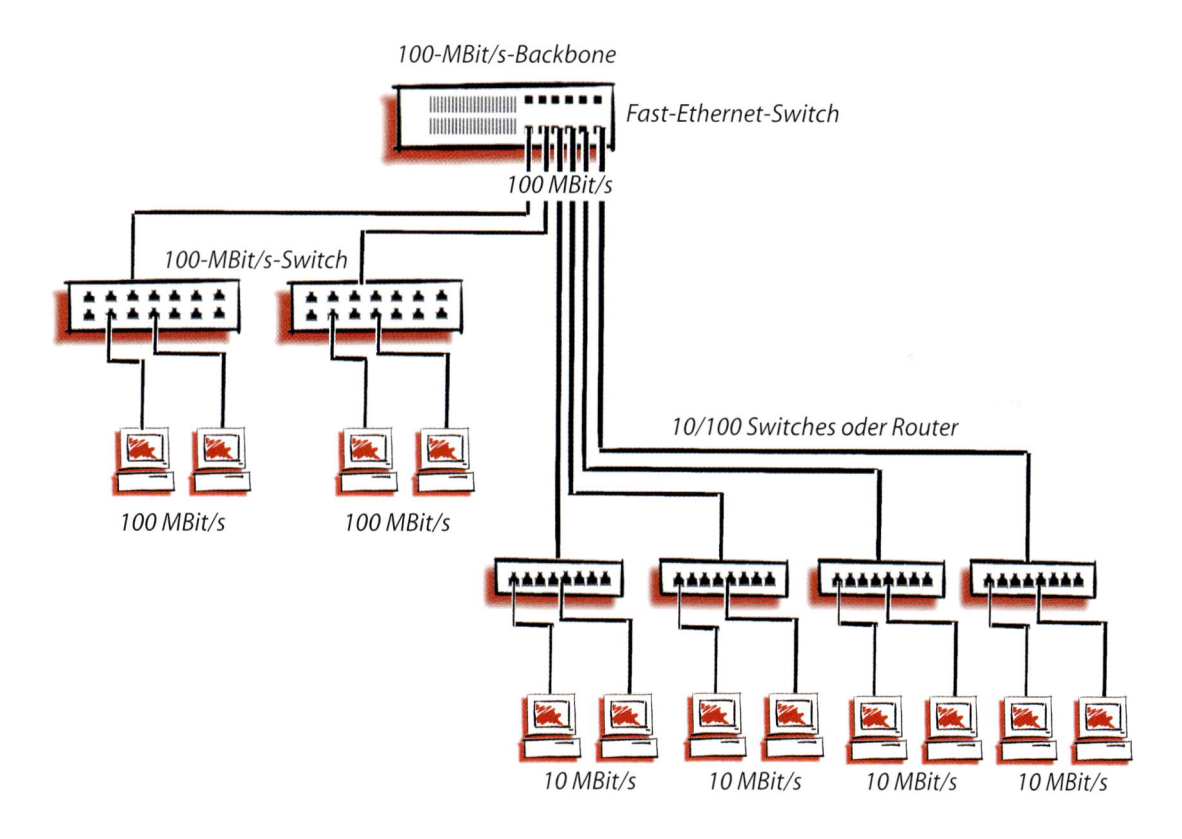

*Backbone-Design*

neue Gigabit-Backbone-Technologie hochgerüstet. Bei modularen Switch-Komponenten kann diese Aufrüstung durch die Installation eines oder mehrerer 100/1000-Interface-Module erfolgen. Die nichtmodularen Switches im Backbone können jedoch nicht so leicht migriert werden. Hier ist kein Upgrade auf die neue Technologie möglich, sondern das gesamte Gerät muß durch einen Gigabit-Switch ersetzt werden. Die ausgetauschten 10/100-Ethernet-Switches lassen sich jedoch problemlos in anderen Netzteilen weiterverwenden. Die Gigabit-Ethernet-Switches im Backbone bilden in Zukunft die zentralen Verbindungskomponenten zwischen Routern, Hubs und Server-Farmen. Die Abbildungen zeigen das Netz vor und nach dem Upgrade auf Gigabit-Ethernet.

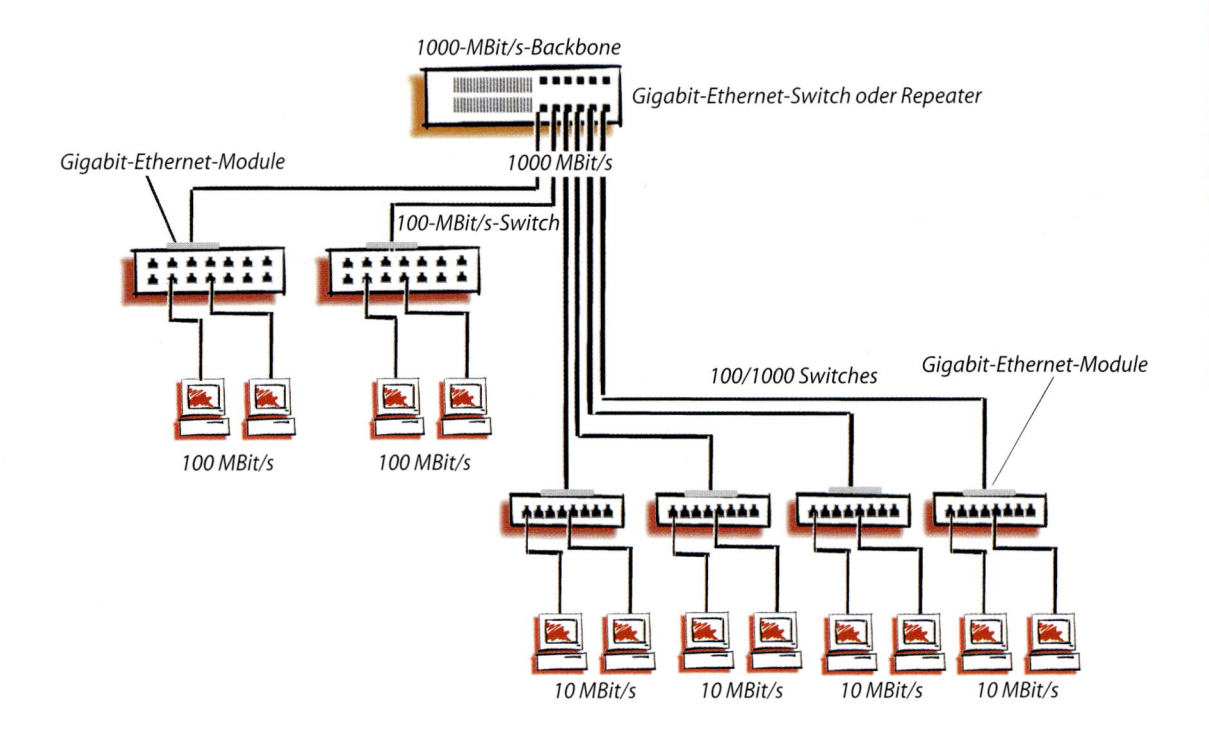

*Upgrade des Backbones auf Gigabit-Ethernet*

## Upgrade von Shared FDDI-Backbones

Die FDDI-Technologie gehört von ihrer Grundkonzeption her zu den Shared-Media-Technologien. In der Vergangenheit konnten in den Netzen – besonders im Campusbereich und in den Gebäude-Backbones – durch einen einfachen Upgrade auf 100 MBit/s die negativen Auswirkungen auf die Performance (Verzögerungszeiten, verfügbare Bandweite usw.) jeder einzelnen angeschlossenen Endstation bzw. der Netze verbessert werden. Inzwischen wurden die Anforderungen durch die Einführung neuer Applikationen an die Netztechnologie drastisch erhöht. Dies führte dazu, daß die Shared-Media-Technologie des FDDI-Standards an seine Grenzen gelangte.

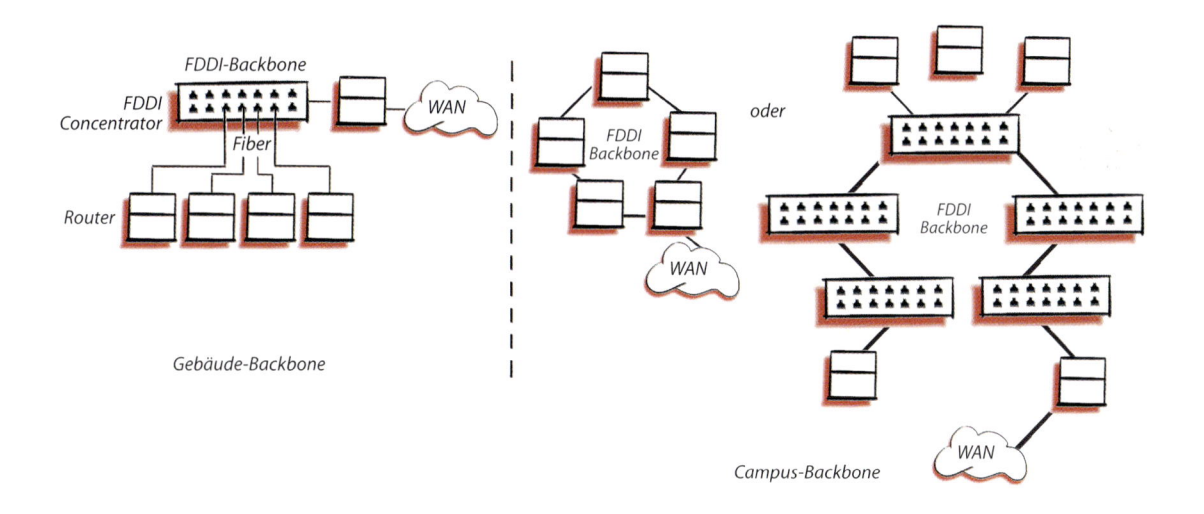

*FDDI-Netz-Backbone*

Die klassischen FDDI-Komponenten (Konzentratoren, Hubs, Ethernet/FDDI Router, FDDI-Switches) werden beim Übergang auf Gigabit-Ethernet durch 100/1000-Switches oder 100/1000-Repeater ersetzt. Durch den modularen Aufbau der meisten FDDI-Komponenten kann der Upgrade von Routern, Switches oder Repeatern durch die Installation von neuen Gigabit-Ethernet-Interfaces erfolgen. Die Abbildungen zeigen das FDDI-Netz vor und nach dem Upgrade auf Gigabit-Ethernet.

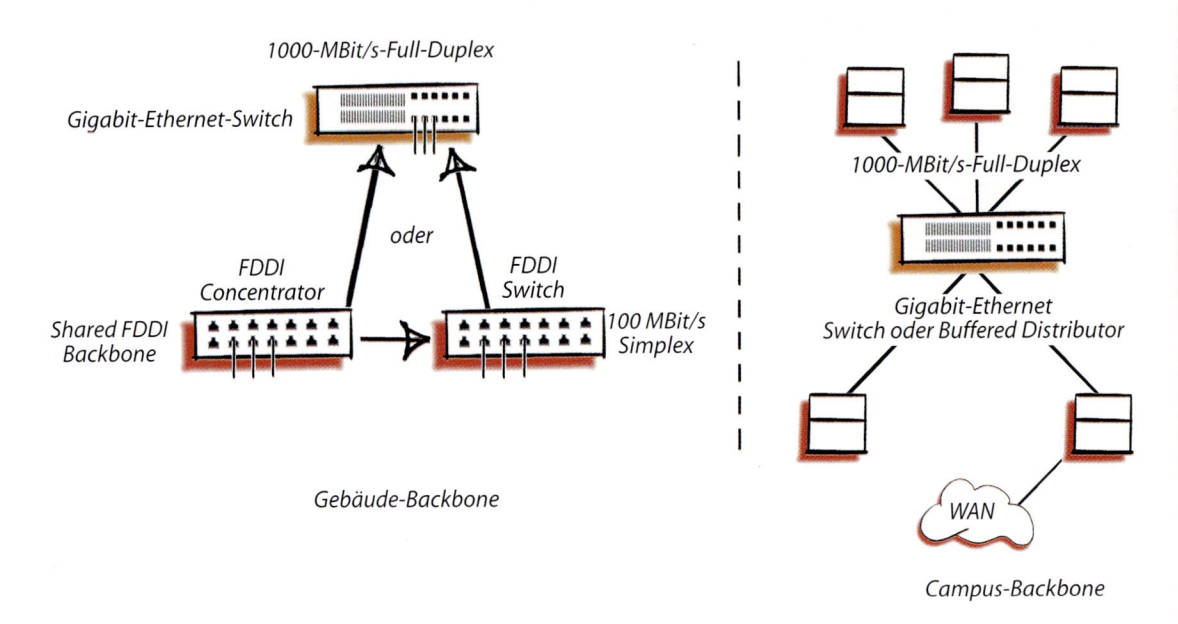

*Netz auf Basis von Gigabit-Ethernet*

## Upgrade der High-Performance Desktops

Nachdem die Backbones der Netze auf Gigabit-Ethernet aufgerüstet wurden, kommt es, trotz der Anbindung der Endgeräte über Fast-Ethernet, vereinzelt auch im Desktop-Bereich zu Bandweitenengpässen. Mit Hilfe von Gigabit-Ethernet NICs werden die High-Performance Desktop-Computer direkt an den Desktop-Switch angeschlossen. Die Abbildungen zeigen das Netz vor und nach dem Upgrade auf Gigabit-Ethernet.

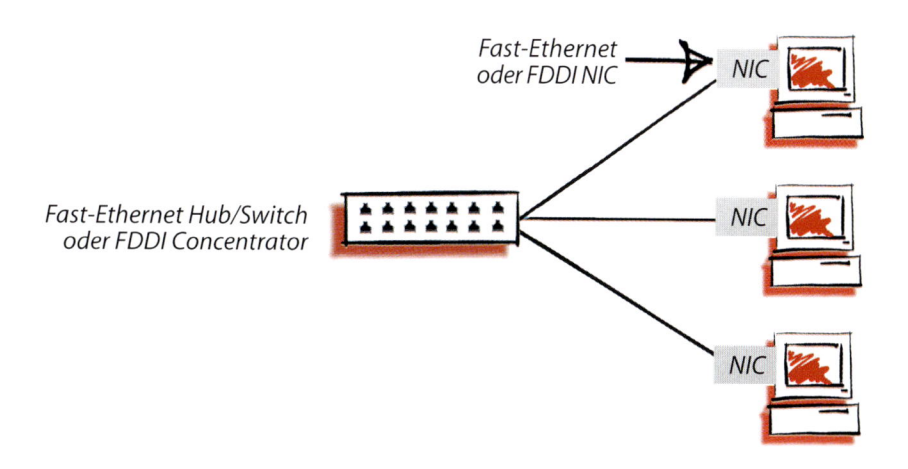

*Einfaches Netzdesign*

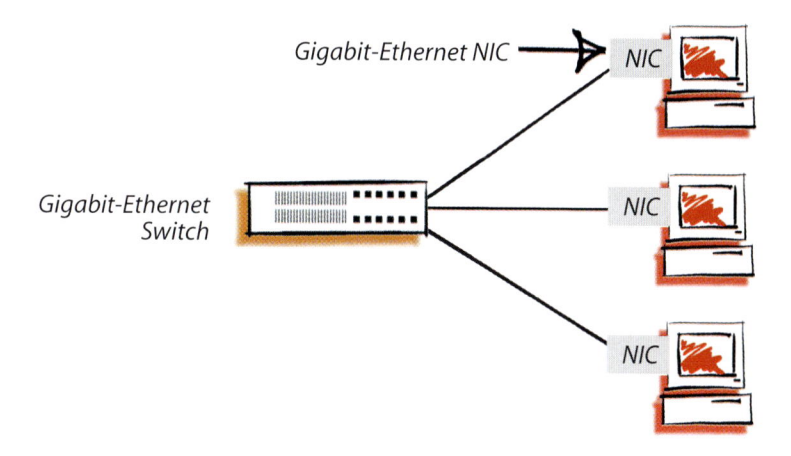

*Netz auf Basis von Gigabit-Ethernet*

**79**

## Migration zum Gigabit-Ethernet in der Praxis

Um den enormen Zuwachs der Datenvolumen in den modernen Netzen überhaupt noch in den Griff zu bekommen, und um ein weiteres Wachstum der Netze langfristig garantieren zu können, müssen die Datennetze in den einzelnen Bereichen nach unterschiedlichen Kriterien an die jeweiligen Anforderungen angepaßt werden. In der Praxis werden die Migrationsszenarien auf folgende Bereiche aufgeteilt:

- Arbeitsgruppen
- Gebäude-Backbones
- Campus-Backbones
- Anbindung der Server

## Arbeitsgruppen

In Arbeitsgruppen werden zunehmend Workstations und Personal Computer (PCs) mit hoher Prozessorleistung eingesetzt. Diese Leistungssteigerung im Endgerätebereich steigert auch die Anforderungen an das Netz. Da diese Geräte in der Regel nur als Clients arbeiten und über das Netz direkt mit den Servern kommunizieren, entspricht die gesamte benötigte Leistung der gesamten Bandweite, die im Workgroup-Bereich erzeugt wird. Da die Workgroups sich permanent verändern und ständig neue Geräte in das Netz integriert werden, muß die angestrebte Lösung skalierbar sein. Werden bereits in den Etagenverteilern als Koppelkomponenten Layer-2/3-Switches als Übergang zum Gigabit-Backbone eingesetzt, wird die Datenvermittlung auf der Schicht 3 bereits in der Workgroup vorgenommen, und die zeitraubende Übertragung über zentrale Router entfällt. In kleineren Backbones kann unter Umständen auf die Integration eines Layer-3-Switches in der Workgroup verzichtet werden. Die Layer-2-Switches der Workgroup kommunizieren über den Gigabit-Backbone direkt mit einem zentralen Layer-3-Switch, der alle Pakete zentral vermittelt.

## Gebäude-Backbones

In den vergangenen Jahren wurden in vielen Backbones die Router durch schnelle Layer-2-Switches ersetzt. Diese Umstellung sorgte dafür, daß die Leistung auf der Schicht 2 verbessert wurde. Dadurch wurde ein Großteil der Übertragungslast von den Routern abgezogen. Um das Broadcast-Verhalten der Netze zu umgehen und die einzelnen logischen Netze zu entkoppeln, wurden VLANs eingeführt.

Zur Kommunikation zwischen den einzelnen VLANs mußten separate Router-Schnittstellen eingesetzt werden. Die Router-Ports wurden deshalb direkt an die Switch-Ports gekoppelt. Durch die Einführung von Intranets und dem Internet stieg der IP-Datenverkehr extrem an, so daß immer mehr IP-Datenverkehr über die Router-Ports übertragen wird. Dadurch treten die originären Leistungsengpässe der Router wieder deutlicher hervor und verlangsamen den Datenverkehr.

Bei der reinen Auslegung des Backbones auf Layer-2-Switches ist darauf zu achten, daß die jeweiligen Server immer im selben Subnetz oder im virtuellen LAN (VLAN) wie die Clients installiert sind. Befindet sich ein Server in einem anderen Subnetz oder VLAN, so muß in den Kommunikationspfad ein Router-Hop integriert werden.

Durch die Store-and-Forward-Technologie der Routing-Prozesse verlangsamen sich sämtliche Kommunikationsprozesse zwischen den Subnetzen bzw. den virtuellen LANs (VLANs). Die durch eine Migration auf eine Gigabit-Ethernet-Technologie gewonnene Bandweite wird somit wieder teilweise reduziert. Erst durch die Installation von Layer-3-Switches im Backbone wird eine deutliche Verbesserung der Antwortzeiten und eine deutliche Verringerung der Verzögerungszeiten erreicht.

**Verzögerung im Router**

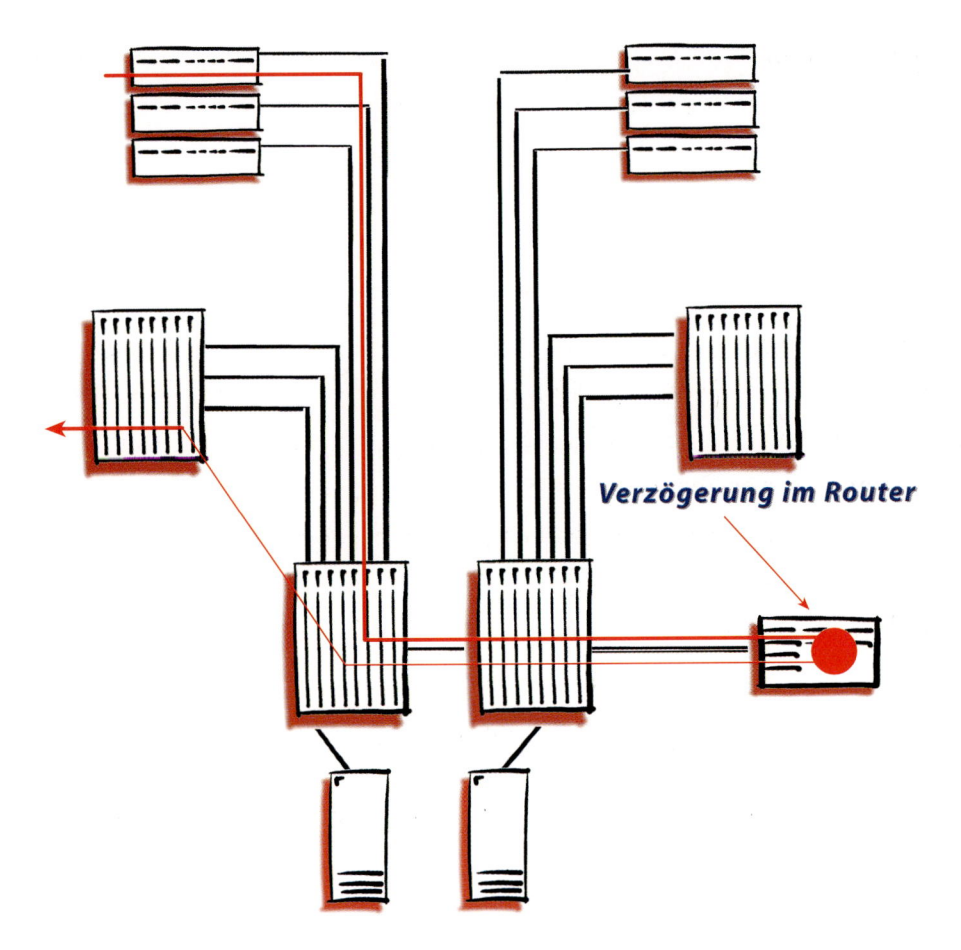

*Verbindung zwischen VLANs über Router*

## Campus-Backbone

In den vergangenen Jahren wurden viele Campus-Backbones mit Hilfe der FDDI-Technik realisiert. Die Anbindung der Gebäude an die FDDI-Ringe erfolgte über leistungsstarke Backbone-Router. Bei einem Upgrade der Verbindungen auf die Gigabit-Technik kann diese Konfiguration inzwischen durch Layer-3-Switches mit Gigabit-Ethernet-Interfaces ersetzt werden. Die Steigleitungen und die Verbindungen über den Campus-Backbone stellen eine Bandweite von jeweils 1 GBit/s zur Verfügung. Durch den Einsatz von Layer-3-Switches und dem schnellen Übertragungsmedium erhöht sich die verfügbare Bandweite deutlich und die Verzögerungszeiten nehmen ab.

## *Anbindung der Server*

Die Anforderungen an die verfügbare Bandweite der Server nehmen wegen der steigenden Anzahl der angeschlossenen Clients zu. Daher gehört die Integration von superschnellen Servern in das Netz zu den wesentlichen Aufgaben des Gigabit-Ethernet. Viele der verfügbaren Server-Technologien können allerdings nicht mit den hohen Geschwindigkeiten des Gigabit-Ethernet umgehen. In einem Gigabit-Ethernet können die Server (beispielsweise die Intel-basierten Unix- und Windows NT-Server) zum Engpaß werden. Da diese Betriebssysteme in der Regel im Protected Mode eingesetzt werden, beträgt der Server-Durchsatz zwischen 100 und 200 MBit/s. Also ist es nicht sinnvoll, einen solchen Server in einem Gigabit-Ethernet-Netz einzusetzen. Der Server mit einem eingebauten Gigabit-Adapter könnte die empfangenen Daten nicht verarbeiten, und die Puffer würden überlaufen. Durch den Retransmission-Mechanismus der höheren Protokolle würden die verlorengegangenen Daten erneut übermittelt werden, und die Performance eines solchen Netzkonstrukts würde reduziert. Auch sorgen zu kleine (in der Regel unter 1 MByte) Memory-Caches und die Zyklenzeiten des Memorys auf den Intel-Maschinen für weitere Engpässe. Auch bei der Verwendung von 32-Bit-Datenstrukturen kann ein 60-Nanosekunden-DRAM unter Worst-Case-Bedingungen (kompletter Cache aufgebraucht) nur mit einer maximalen Geschwindigkeit von etwa 300 MBit/s seine Daten von Netzadapter empfangen bzw. an diesen übermitteln. Die Installation eines Gigabit-Ethernet-Adapters in einem Intel-Server führt also nicht unbedingt zu Performance-Vorteilen. Im schlechtesten Fall reduziert sich die Performance des Netzes. Dagegen übermitteln die High-End-Unix-Server der Intel-Wettbewerber, beispielsweise Hewlett-Packard, IBM und Sun Microsystems, ihre Daten mit einer Geschwindigkeit zwischen 300 bis 500 MBit/s an das Netz.

Um eine möglichst hohe Verfügbarkeit der Unternehmens-Server im Netz zu garantieren, empfehlen einige Hersteller, diese Server mit redundanten Gigabit-Ethernet-NICs auszurüsten. Dadurch soll einem Datenausfall vorgebeugt und ein kontinuierlicher und unterbrechungsfreier Zugriff auf Daten und Dienste gewährleistet werden. Die doppelte Auslegung der Adapter in den Servern besticht im ersten Moment als Lösung. Wird jedoch zur Kommunikation zwischen den Clients und dem Server TCP/IP eingesetzt, ist diese Lösung aus technischen Gründen nicht realisierbar. Die TCP/IP-Protokolle untersagen den Betrieb von zwei Adaptern mit der gleichen IP-Adresse. Derzeit erlaubt nur die Novell IPX/SPX-Implementation eine solche Lösung.

## *Anforderungen an Gigabit-Switches*

Nur wer diese Werkzeuge und Systeme richtig plant, wird in den modernen Datennetzen und Intranets auf wirkungsvoll arbeitende und lohnende Applikationen zählen können. Heute werden über die Web-Services bereits weit mehr Funktionen als die reine Verteilung von Web-Seiten, die Übertragung von Files und die Übermittlung von E-Mails realisiert. So werden sich bald Peer-to-Peer-Verbindungen zu kollektiven Anwendungen wie Workflow, Dokumentenverwaltung, Verzeichnisdiensten, Whiteboard bis hin zu Joint-Editing, Telelearning und Video-Conferencing aufschwingen und die Kommunikationswelt im Unternehmen revolutionieren.

Die Anforderungen an die Intranet-/LAN-Komponenten lassen sich auf der Grundlage einer Marktumfrage definieren:

- Erhöhung der LAN-Kapazität (90 %)
- Verringerung der Betriebskosten (80 %)
- Erweiterungsfähig für zukünftige Technologietrends (60 %)
- Effiziente Erfüllung der Anforderungen der Benutzer (60 %)
- Kostenreduzierung bei der Beschaffung der Produkte (60 %)

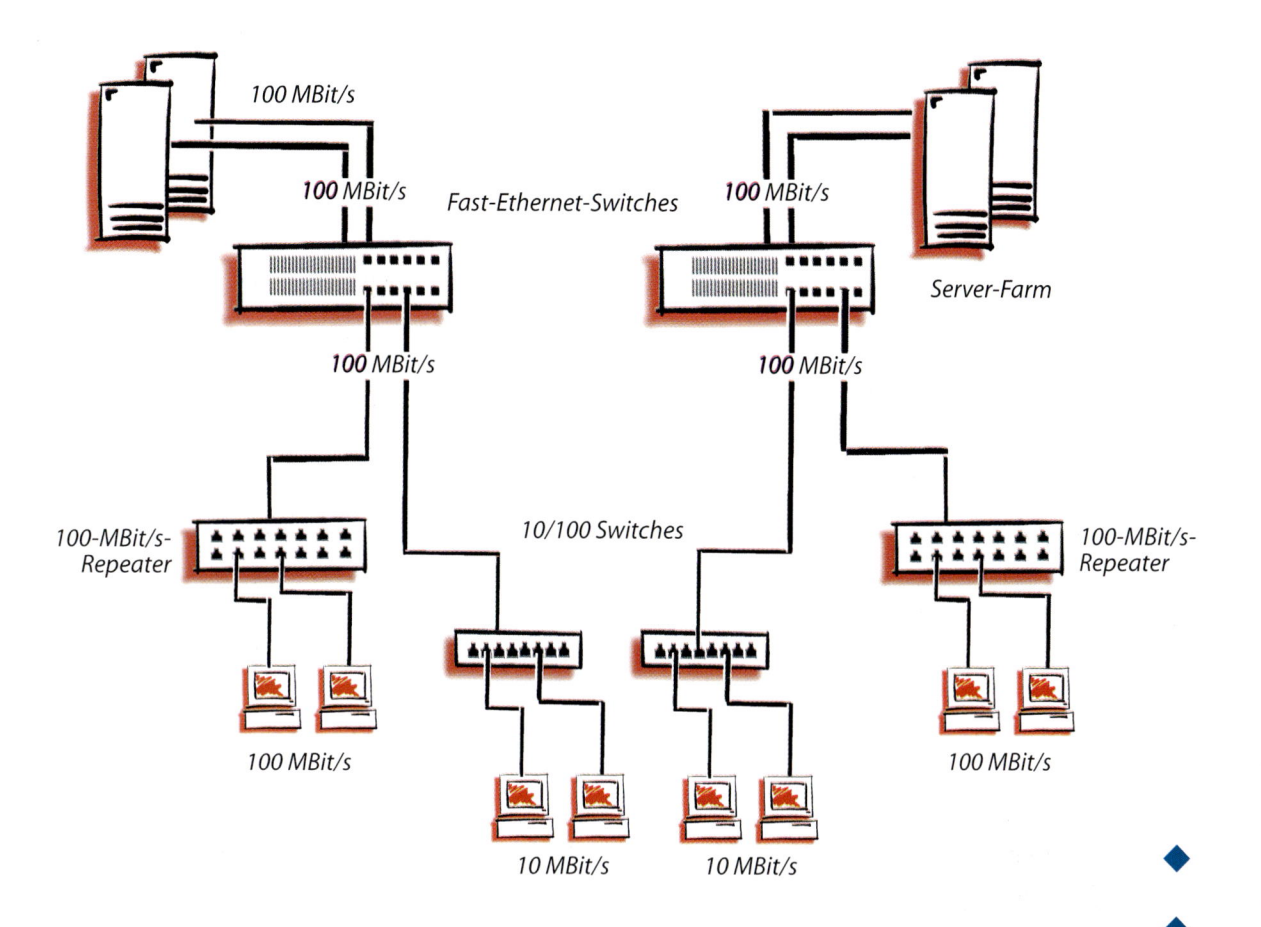

*Fast-Ethernet-Backbone*

Aus diesen Kennwerten lassen sich folgende Schlüsse ziehen: In vielen Netzen werden heute Produkte benötigt, die innerhalb eines kurzfristigen bis mittelfristigen Zeitraums die Kapazität des LANs entscheidend erhöhen können. Diese Kapazitätssteigerung erfolgt im Bereich des Desktop-Computing und in den unterschiedlichen Bereichen des Backbones. Obwohl die Netze in den nächsten Jahren permanent größer und die Anforderungen an die verfügbare Bandweite durch neue Applikationen steigen werden, wächst das Budget der für den Betrieb erforderlichen gut ausgebildeten Netzspezialisten zur Planung, Installation und dem technischen Support nicht im gleichen Maße. Im günstigsten Fall wächst das Personalbudget in einer Größenordnung von drei bis fünf Prozent pro Jahr. So suchen die Netzverantwortlichen nach Technologien und Produkten, die schnell und einfach die Performance-Anforderungen der Benutzer erfüllen, ein kontinuierliches Wachstum der Netze durch skalierbare Produkte gewährleisten und für deren Betrieb nur ein Minimum an Personal und Support erforderlich ist.

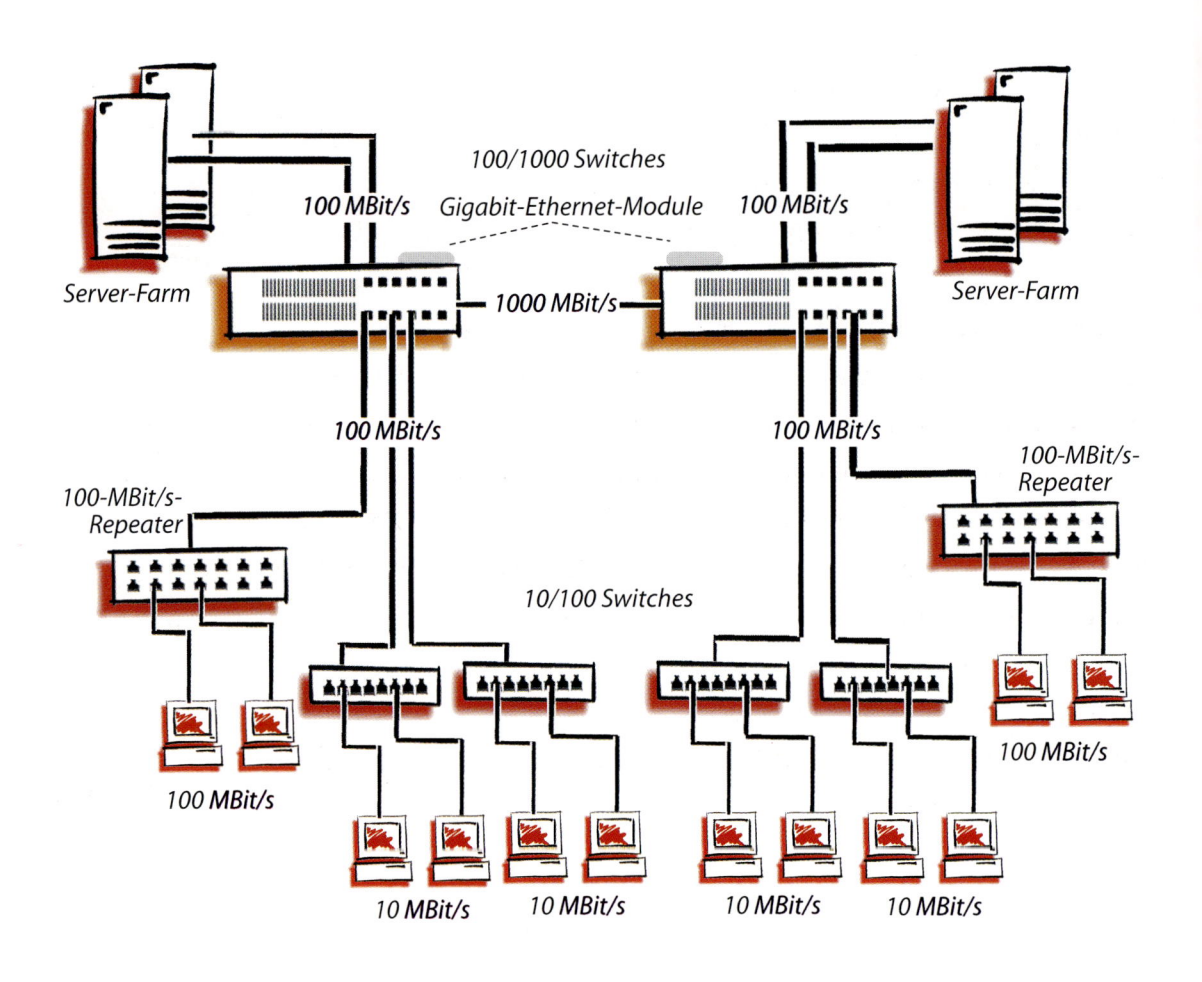

*Upgrade der Switch-to-Switch Links*

## *Die Produktanforderungen im Überblick*

1. Erhöhung der Netzkapazitäten im Endgerätebereich
2. Erhöhung der Kapazität des Backbones
3. Erweiterte Funktionalitäten des Netzmanagements
4. Erweiterte Sicherheitsfunktionen im LAN
5. Unabhängigkeit von der LAN-Technologie
6. Kostenreduzierung beim Umbau der LANs
7. Minimierung der Kosten für ein stetiges Wachstum der Netze
8. Größtmögliche Freiheit bei der Plazierung von Servern und Workstations im Netz
9. Reduzierung der routerspezifischen Funktionen und der Router-Administration
10. Integration von virtuellen Netzen und virtuellen Workgroups

Die verfügbaren Applikationen benötigen die Bereitstellung von immer höheren Bandweiten. Ursprünglich stammt diese Erkenntnis aus der Rechnertechnik und beschrieb dort den permanenten Bedarf der Rechner bzw. der Applikationen an mehr Speicherkapazität. Inzwischen kann dies ohne weiteres auch auf die Rechnernetze übertragen werden. Die Einführung neuer Anwendungen und schnellerer Prozessorgenerationen stellt unvorhergesehene Anforderungen an die Leistung der Netze. Genau betrachtet stehen wir heute erst am Anfang dieser Entwicklung. Die neuen Sprach-, Video- und Multicast-Applikationen beschleunigen die Entwicklung neuer Techniken, und die Konzepte zahlreicher moderner Anwendungen führen dazu, daß die Designregeln der Netze neu geschrieben werden müssen. Trotz der Verfügbarkeit des Gigabit-Ethernet-Standards steigt die Nachfrage nach der verfügbaren Bandweite in den Netzen kontinuierlich an. Hier muß sichergestellt werden, daß die durch das Gigabit-Ethernet zur Verfügung stehende Bandweite nicht durch langsame Koppelkomponenten im Netz reduziert wird.

Durch die hohe Auslastung der traditionellen LANs und die hohe Anschlußdichte sinkt die Leistungsfähigkeit des Gesamtsystems. Die Ursachen sind in den Grundeigenschaften der Shared-Media-Networks (Repeater-Technik) zu suchen. Die überproportionale Zunahme der Desktop-Leistung in Kombination mit dem hohen Zuwachs an interaktiven Applikationen sorgt dafür, daß die verfügbare Bandweite schnell an ihre Grenzen stößt.

Zur Verbesserung der Leistung wurden die Netze durch Router segmentiert. Dieser Ansatz setzt einen hohen finanziellen Investitionsaufwand voraus und bringt steigende Administrationskosten mit sich. Die kurzfristige Verbesserung der Leistungsfähigkeit der LANs wurde jedoch sehr schnell wieder durch einen weiteren Anstieg des Kommunikationsbedarfs zunichte gemacht. Daher suchten Firmen und Organisationen nach einer Möglichkeit, der zunehmenden Gefahr der Bandweitenverknappung zu entgehen, gleichzeitig die Managementfähigkeit der Kommunikationsressourcen zu erhöhen und die Betriebsergebnisse erheblich zu verbessern. Diese Überlegungen führten zur Entwicklung der Switched LANs.

Die Router-Technologien gelten inzwischen als konzeptionell veraltet. Aufgrund neuer Anforderungen des Marktes sind die Netzkonzepte im Umbruch, und sie müssen den jeweiligen Anforderungen dynamisch angepaßt werden. Die Router konnten mit diesem Trend nicht Schritt halten. Von der Funktion her, dem Vermitteln der Datenpakete mit Hilfe eines verbindungslosen Pfades und dem Hop-by-Hop-Routing anhand der Netzadressen, hat sich bei diesen Geräten in den letzten Jahren nicht viel geändert. Allein durch ein Upgrade der Prozessorleistung wurden Router an die neuen Bedingungen des Marktes angepaßt. Die Switches haben inzwischen die Router aus vielen Marktsegmenten verdrängt. Die Switches gehören heute zu den Performance-Weltmeistern und sorgen dafür, daß die traditionellen Router inzwischen am Ende des Technologiezyklus angekommen sind. Dieser Eindruck wird zusätzlich von Netzherstellern, die über keinerlei Router-Technik verfügen, verstärkt. Die Marketingstrategen lassen keine Gelegenheit ungenutzt, um deutlich zu machen, daß nur Switches die Netzwelt retten können. Auf Seiten der Anwender und Netzbetreiber veränderten die Switches das Netzdesign und die Anforderungen an die verfügbare Bandweite erheblich. Kombiniert mit Highspeed-Techniken im Backbone erhöhen die Switches das Netzleistungsmaximum, und der Gesamtdurchsatz des Netzes hängt nur noch von der maximalen Geschwindigkeit des jeweiligen Switches bzw. des Switches und des Backbones ab. Die Switching-Technologie hat sich inzwischen in verschiedene Richtungen entwickelt. Inzwischen werden Switches entweder als Standalone-Switches oder als Einschübe für Hub-Systeme angeboten. Die Standalone-Switches haben sich als Marktführer etabliert, da diese Geräte sowohl im Desktop- als auch im Backbone-Bereich eingesetzt werden. Bay Networks hat im Bereich der Standalone-Switches erfolgreich eine Reihe von Switch-Komponenten etabliert, die für unterschiedliche Anwendungsfälle optimiert sind:

## BayStack 303

Dieser Ethernet-Desktop-Switch ist mit vierundzwanzig 10BaseT-Ports und einem konfigurierbaren 10BaseT/100BaseTX-Autosensing-Port ausgestattet. Zusätzlich steht ein Adapter-Steckplatz (Media Dependent Adapter / MDA) zur Verfügung, der sowohl einen Halb- oder Vollduplex-10BaseTX- als auch einen 100BaseFX-Autosensing-Port unterstützt.

## BayStack 305

Der BayStack 304-Switch ist mit zwölf 10BaseT- und einem 10BaseT/100BaseTX-Autosensing-Switch-Port ausgerüstet. Ein weiterer Slot steht für einen 10BaseT/ 100BaseTX oder einen 100BaseFX-MDA-Autosensing-Switch-Port bereit.

## BayStack 350

Mit den BayStack 350-Autosense-Switches können die Netze automatisch auf 100 MBit/s aufgerüstet werden. Die BayStack 350-Autosense-Switches bieten ein unschlagbares Preis-Leistungs-Verhältnis und ermöglichen durch die integrierte 10/100-MBit/s-Technik die Migration zu modernen Netztechnologien. Durch das 10/100-MBit/s-Autosense-Switching erkennt jeder Anschluß-Port automatisch die Übertragungsgeschwindigkeit der angeschlossenen Endgeräte. Dies vereinfacht den Installations- und Verwaltungsaufwand bei der Implementierung von Netzwerk-Komponenten. Die BayStack 350-Autosense-Switches von Bay Networks werden in unterschiedlichen Konfigurationen zu sensationell niedrigen Preisen angeboten.

Der BayStack 350T-Switch von Bay Networks verfügt über sechzehn RJ-45-Ports, die sowohl 10BaseT-Switched-Ethernet als auch 100BaseTX-Switched-Fast-Ethernet unterstützen.

Der BayStack 350F-Switch von Bay Networks ist mit zwölf RJ-45-Ports (10BaseT/100BaseTX) und zwei integrierten Glasfaser-Ports (SC-Stecker) ausgestattet. Damit wird die 100BaseFX-Fast-Ethernet-Übermittlung über 50/125- und 62,5/125 µm-Multimode-Glasfaserkabel ermöglicht. Im Vollduplex-Modus unterstützen die Glasfaser-Ports Verbindungen bis zu zwei Kilometern.

Der BayStack 350F-HD-Switch von Bay Networks ist mit vierundzwanzig RJ-45-Ports (10BaseT/100BaseTX) und zwei integrierten Glasfaser-Ports (SC-Stecker) ausgestattet. Damit wird die 100BaseFX-Fast-Ethernet-Übermittlung über 50/125- und 62,5/125 µm-Multimode-Glasfaserkabel ermöglicht. Im Vollduplex-Modus unterstützen die Glasfaser-Ports Verbindungen bis zu zwei Kilometern.

Die Switch-Funktionen in Hub-Systemen werden durch Einschubmodule in das jeweilige Grundgehäuse realisiert. Da die Hub-Systeme für einen allgemeinen Anwendungsfall konzipiert wurden, mußten die Busarchitekturen in den Hubs einem Redesign unterzogen und an die neuen Anforderungen angepaßt werden. Inzwischen haben fast alle Hub-Hersteller diesen Schritt vollzogen und die Switching-Funktionen in die jeweiligen Systeme integriert. Zu den modularen Switching Hubs gehört das System 5000 von Bay Networks.

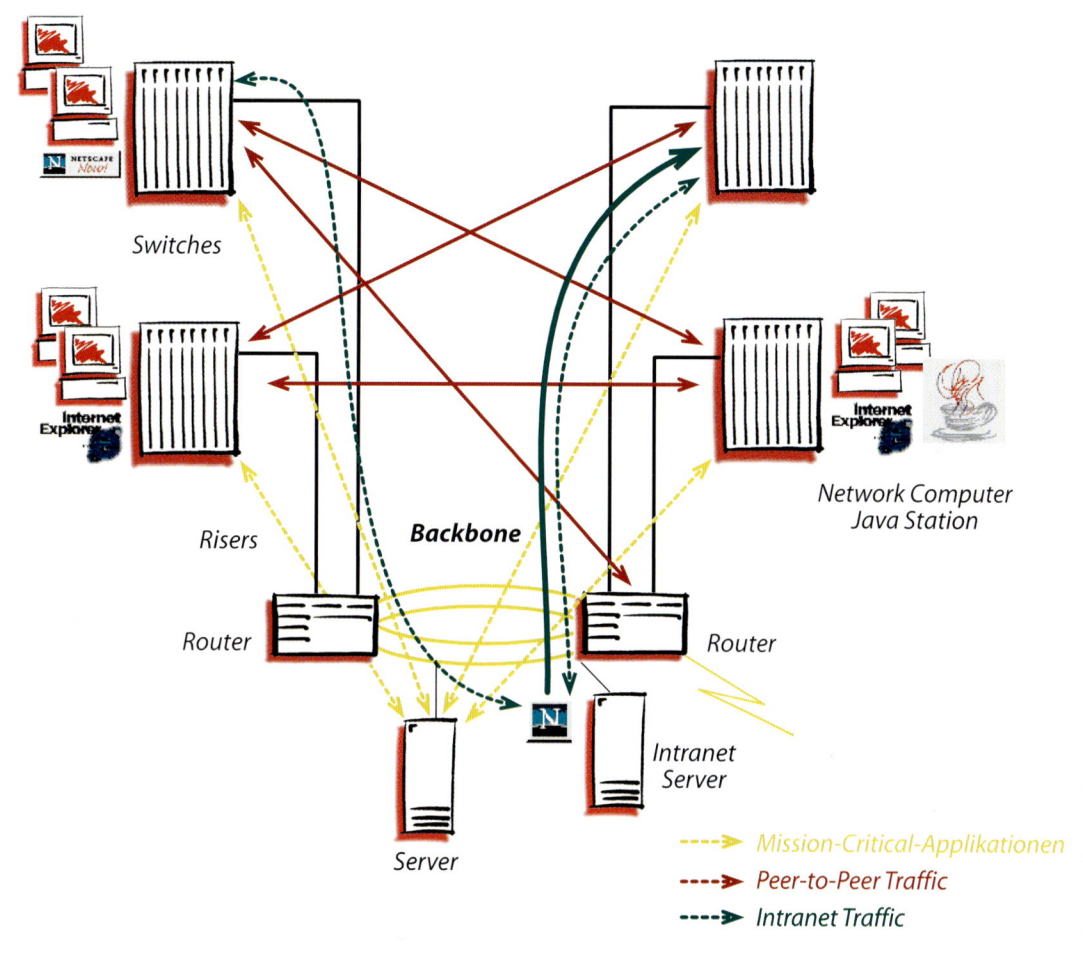

*Switching auf der Ebene 2*

Bei den meisten im Markt eingesetzten Switches finden der Datentransport und die Entscheidung, zu welchem Zielport die Daten vermittelt werden sollen, ausschließlich auf der Schicht 2 statt. Zur Transportentscheidung wurde die Zieladresse in Form der physikalischen MAC-Adresse genutzt. Der Switch überprüft bei jedem empfangenen Paket die Zieladresse. Anhand dieser Information wird die interne Switch-Tabelle nach einem Eintrag für diese Adresse untersucht. Wird die Adresse in der Switch-Tabelle gefunden, wird das Datenpaket direkt an den Ziel-Port weitergeleitet. Wird kein Eintrag gefunden, übermittelt der Switch das Datenpaket beim ersten Mal als „Quasi-Broadcast" an alle Ports. Wird vom Empfänger dieses Pakets eine Antwort zurückgesendet, wird die in ihr enthaltene Adresse gelernt und führt zu einem Eintrag in der Switch-Tabelle.

Da Layer-2-Switches nur flache, von der physikalischen Schicht abhängige Netzstrukturen zulassen, wurden die virtuellen Netze (VLANs) eingeführt. Mit der Bildung von virtuellen Netzen wurde es möglich, Netze unter logischen Gesichtspunkten zu strukturieren. Durch VLANs konnte in Layer-2-Switch-basierten Netzen über die physikalische Netzstruktur eine zweite, logische Netzstruktur gelegt werden. Mitarbeiter mit gemeinsamen Interessen konnten so zu einer Netzgruppe (virtuelles Netz) zusammengefaßt werden. Die Gründe für die Bildung einer Interessensgruppe können organisatorischer oder technischer Art sein. Unter dem Aspekt der Unternehmensorganisation ist es beispielsweise möglich, alle Mitarbeiter einer Abteilung zu einer Netzgruppe zusammenzufassen, auch wenn sie auf unterschiedliche Gebäude verteilt sind. Unter dem Aspekt der Arbeitsorganisation können Mitarbeiter zu einer Netzgruppe zusammengefaßt werden, auch wenn sie zu verschiedenen Abteilungen in unterschiedlichen Gebäuden oder Unternehmensstandorten gehören. Unter Performance-Aspekten ist es möglich, Mitarbeiter, die besondere Anforderungen, beispielsweise an Bandweite oder Quality-of-Service (QoS), haben, zu einer Netzgruppe zusammenzufassen. Daraus ergeben sich die folgenden Vorteile für den Netzbetreiber:

## *Mehr Flexibilität*

Der Wettbewerb zwingt Unternehmen zur Anpassung der internen Organisationsstrukturen an die sich ändernden Marktanforderungen. Die Netzstruktur darf deshalb nicht die logische Organisation eines Unternehmens definieren. Mitarbeiter ziehen heute öfter um, sie sind in mehrere Projekte gleichzeitig involviert, wechseln ihr Aufgabengebiet häufiger und benötigen deshalb Informationen aus unterschiedlichen Datenbeständen, Projekten und Abteilungen. Netzstrukturen müssen diese Organisationsflexibilität unterstützen, indem sie Umzüge schnell und ohne großen Zeit- und Kostenaufwand ermöglichen, Informationsflüsse effektiv lenken und die Kommunikation „jedes mit jedem" erleichtern. Erst der Einsatz von virtuellen Netzen sorgte für die notwendige Flexibilisierung der bestehenden Netzstrukturen. Außerdem kann zusätzliche Bandweite an denjenigen Stellen im Netz eingeführt werden, wo sie am dringendsten benötigt wird, ohne die höheren Protokollschichten oder die logische Netzstruktur zu tangieren. Eine Performance-Verbesserung durch die Erhöhung der Anzahl der Switch-Ports ist zudem weit kostengünstiger zu erreichen als über die in traditionellen Shared-Media-LANs übliche Segmentierung mit Routern. Sollten Benutzer aber über ein VLAN hinweg auf Ressourcen, die in einem anderen VLAN liegen, zugreifen können, müssen diese über Router verbunden werden.

## *Vereinfachte Administration*

Netzänderungen, die sich beispielsweise durch eine Anschaltung neuer Endgeräte, Verkleinerung der Segmente zur Lösung der Bandweitenprobleme oder Umzüge von Mitarbeitern ergeben, haben in traditionellen Netzumgebungen Rekonfigurationen zur Folge. Diese Änderungen erfolgen beispielsweise durch eine Neuzuordnung der Leitungen und Anschlüsse, Neuvergabe von Netzadressen und das Einrichten neuer Subnetzmasken. Änderungen dieser Art entfallen in virtuellen Netzen entweder ganz oder lassen sich über das Netzmanagement automatisieren. Ein Teilnehmer in einem virtuellen Netz kann beispielsweise innerhalb des Unternehmens umziehen und trotzdem Mitglied in seiner bisherigen logischen Netzgruppe bleiben. Will er seine logische Netzgruppe wechseln, wird er über das Netzmanagement automatisch seinem neuen logischen Subnetz zugeteilt. Kabelrangierungen und Port-Rekonfigurationen werden also nicht mehr vor Ort im Verteilerschrank, sondern software-gesteuert am Bildschirm mit der Maus durchgeführt.

## *Reduzierte Netzbetriebskosten*

Damit reduzieren virtuelle Netze den Kosten- und Zeitaufwand, der mit einer physikalischen Netzänderung verbunden ist, wesentlich. Einsparungen ergeben sich auch dadurch, daß LAN-Switches als Schicht-2-Systeme technisch einfacher und somit kostengünstiger realisiert werden können als die bisher für die Netzsegmentierung eingesetzten Router.

Die Layer-2-Switches haben sich in der Netzwelt inzwischen flächendeckend durchgesetzt und Komponenten wie beispielsweise Repeater und Bridges völlig verdrängt. Durch die einfache und simple Konstruktion von Switches ist nur über den Umweg von virtuellen LANs eine gewisse Strukturierung des Netzes möglich. Wachsen diese Netze, so wächst der Broadcast-/Multicast-Verkehr im Netz bzw. der Ports proportional. Dies hat zur Folge, daß der zusätzliche Broadcast-Verkehr zu Lasten der zur Verfügung stehenden Bandweite geht. Um diesen unerwünschten Effekt zu reduzieren, wurde in den Switches die Funktion der Outbound-Filter eingesetzt. Dadurch lassen sich Broadcast-/Multicast-Pakete zielgerichtet versenden und sie tragen dazu bei, daß die zur Verfügung stehende Bandweite nicht durch Overhead-Informationen unnötig reduziert wird. Wird eine Kommunikation zwischen zwei unterschiedlichen Subnetzen erforderlich, so sind auch in einem auf Switches aufgebauten Netz ein oder mehrere Router erforderlich. Solange die altbewährte 80/20-Methode galt und achtzig Prozent des Verkehrs innerhalb des gleichen Subnetzes vermittelt werden mußte, war Switching auf der Schicht 2 die Technologie zur Steigerung der Netzleistung. Inzwischen sind die Netze so weit gewachsen, daß die Subnetzgrenzen permanent überschritten werden. Die 80/20-Regel wird durch eine 1/99-Regel ersetzt. Dies führt zur Implementierung eines skalierbares Routings. Da neue Technologien relativ teuer sind und oft nicht mit den bereits installierten Techniken harmonieren, wird von den Herstellern der Netzkomponenten eine sanfte Migration zu einem Layer-3-Switching angestrebt. Die Layer-2-Switches werden durch einen Upgrade um die neuen Funktionen erweitert.

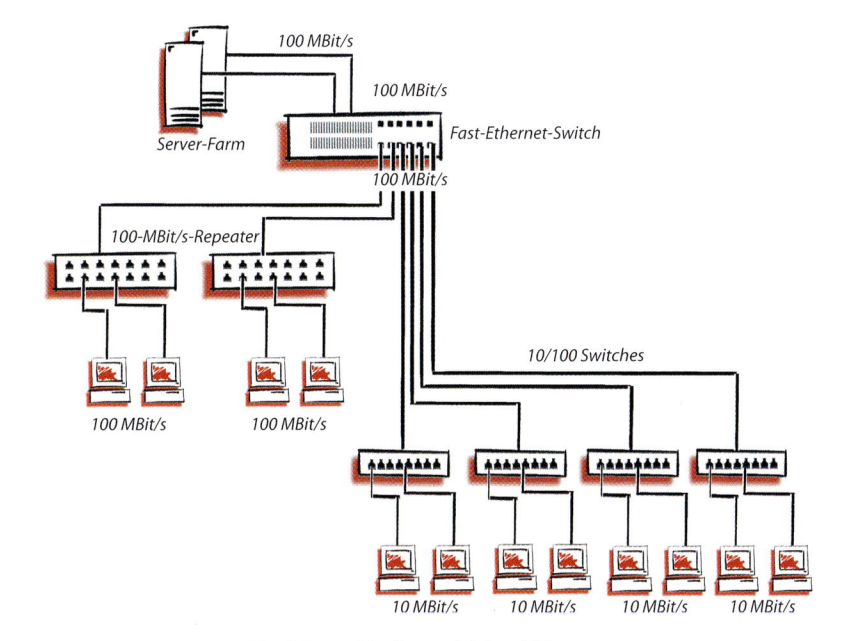

*Backbone-Design mit Fast-Ethernet*

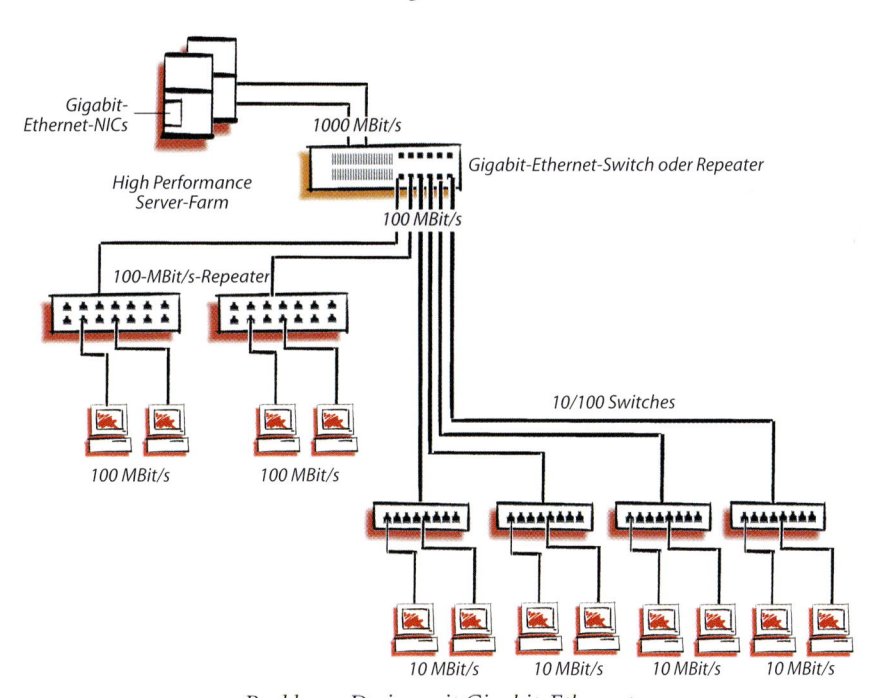

*Backbone-Design mit Gigabit-Ethernet*

## Vorteile des Layer-2-Switchings

- einfache Handhabung
- kostengünstige Mikrosegmentierung
- Plug-and-Play-Installation durch Learning-Mechanismus
- VLANs zur partiellen Skalierung der Netze

## Nachteile des Layer-2-Switchings

- hohe Broadcast/Multicast-Last auf den einzelnen Ports
- dienen nur zur einfachen, flachen Strukturierung der Netze
- keine hierarchischen Netzstrukturen möglich
- zur Kommunikation zwischen unterschiedlichen Netztechnologien und VLANs ist ein Router notwendig
- teilweise Änderung der Subnetzadresse notwendig

## Layer-3-Switches

In den letzten Jahren wurde in den Unternehmen viel Zeit und Energie aufgewendet, um die heterogenen Arbeitsgruppen zu einer unternehmensweiten Netzressource zusammenzufassen. Durch die gestiegenen Ansprüche der Applikationen steigt auch die Anforderung an die Leistungsfähigkeit des Netzes. Die Herausforderung für den Netzbetreiber besteht darin, im unternehmensweiten Netz eine IP-Infrastruktur aufzubauen, die skalierbar ist. Durch den Einsatz von Web-Technologien werden vom Anwender die engen Grenzen der lokalen Netze permanent überschritten. Die Netzinfrastruktur muß daher in jedem Teil des Netzes eine Any-to-Any-Kommunikation realisieren. Damit wird das Ende der 80/20-Regel signalisiert, die das Netzdesign über ein Jahrzehnt lang bestimmte.

| | |
|---|---|
| mehrere Milliarden | Datenpakete pro Tag, Verdoppelung jährlich |
| 1.000.000 | E-Mail-Nachrichten werden pro Tag übermittelt |
| 1.200 | Interne Web-Pages |
| 1.159.600 | Zur Zeit verfügbare interne Web-Pages |

*Statistik eines Fortune-100-Unternehmens mit Sitz in den USA*

In den Netzen muß bei ständig steigenden Datenströmen mit nicht mehr vorhersehbaren Verkehrsmustern umgegangen werden. Daher müssen die Netze so geplant werden, daß weiterhin ausreichend Leistung für den Einsatz der Applikationen bereitsteht. Das prozessorintensive und somit langsame Routing zwischen den Subnetzen wird zum Kommunikationsengpaß in den Netzen. Lösungen sind notwendig, die an die neuen Verkehrsmuster, nicht vorhersehbare Datenströme und die Priorisierung unternehmenskritischer Applikationen anpaßbar sind.

## Verbesserung der Leistung

Zur Verbesserung der Netzleistung verfolgt die Industrie derzeit zwei Ansätze:

- Vermeidung des Routing-Prozesses
- Erhöhung der Routing-Leistung

## Vermeidung des Routing-Prozesses

In den vergangenen Jahren hieß die Parole: Switch where you can, route where you must! Die Routing-Strukturen wurden somit durch die Integration flacher Netzstrukturen ersetzt. Die verfügbaren Layer-2-Switches unterliegen beim Aufbau großer und flacher

Netzstrukturen engen Grenzen. Die Switch-Komponenten sind beispielsweise nicht in der Lage, den Strom an Broadcast- und Multicast-Paketen zu filtern bzw. gerichtet zu übermitteln. Wird eine logische Unterteilung der Netze und der Endgeräte in virtuelle LANs vorgenommen, so entstehen auf der Schicht 2 Kommunikationsinseln, die nur über integrierte Routing-Prozesse miteinander kommunizieren können. Damit können keine grossen und skalierbaren Gesamtsysteme aufgebaut werden. Um diese Engpässe zu umgehen, müssen neue Funktionen in die Layer-2-Switches integriert werden.

## Erhöhung der Routing-Leistung

Die Anforderungen moderner Netze sind nur durch die Kombination von Routing- (Layer 3) und Switching-Funktionen (Layer 2) in einem Gerät zu lösen. Dadurch werden die Komplexität sowie die nicht mehr ausreichende Durchsatzleistung der Netze aufgehoben. Bei den Layer-2/3-Switches wird das zeitintensive Verarbeiten der Store-and-Forward-Funktionen der Schicht 3 auf die Geschwindigkeit eines Layer-2-Switches reduziert. Diese erhöhte Geschwindigkeit hat natürlich ihren Preis. Das Layer-3-Switching funktioniert in den meisten verfügbaren Geräten nur für das Internet Protocol (IP) und eventuell für das Novell IPX-Protokoll. Alle anderen Protokolle werden nach dem Layer-2-Verfahren bzw. nach den traditionellen Routing-Mechanismen transportiert. Die Tabelle zeigt die typischen Performance-Zahlen von Routern, Layer-2-Switches und den Layer-3-Switches:

|  | Router in 1000 Pakete /s | Layer-2-Switch in 1000 Pakete /s | Layer-3-Switch in 1000 Pakete /s |
|---|---|---|---|
| Switching | > 500 | > 1.000 | 7.000 |
| IP-Routing | > 500 | – | > 7.000 |

*Forwarding-Leistung von Internetworking-Komponenten*

Traditionelle Router können wegen ihrer internen Systemarchitektur nicht die IP-Performance eines Layer-3-Switches bereitstellen. Beim Aufbau eines Netzes lösen Layer-3-Switches im Gegensatz zu den Layer-2-Switches folgende Probleme:

- Durchgängiges Switching der Daten im gesamten Netz
- Erhöhung des Durchsatzes im Netz
- Entlastung der bereits im Netz installierten Backbone-Router

Ein Layer-3-Switch kann in einem Netz zunächst als ein sehr leistungsfähiger Layer-2-Switch eingesetzt werden. Im Gegensatz zu reinen Layer-2-Switches kann ein Layer-3-Switch nach dem Aktivieren des IP-Switchings den Transport der IP-Pakete wesentlich flexibler und effizienter gestalten. Die nachfolgenden Konfigurationsbeispiele zeigen die Einsatzbereiche von Layer-3-Switches.

## *Vorteile von Layer-3-Switches*

Die Beseitigung von Performance-Engpässen bei der Übermittlung des Datenverkehrs über die Schicht 3 vereinfacht das Netzdesign und bietet folgende Vorteile:

## *Vereinfachtes Netzdesign*

Ein modernes Netzdesign versucht, die Anzahl der Router (Hops) bzw. der Switches in einem Datenpfad zu reduzieren. Routing/Switching-Hops führen zwangsläufig zur Erhöhung der Paketverzögerungszeiten. Wird ein Server an das gleiche Workgroup-Subnetz wie die zugehörigen Clients angeschlossen, so entstehen nur minimale Verzögerungen. Wird der Server jedoch im Netzzentrum integriert, muß zwangsläufig mit einer schlechteren Antwortzeit gerechnet werden. Der Übergang über den Subnetz-Router und die zusätzlichen Switches im Datenpfad reduzieren die Leistungsfähigkeit der Netzkonfiguration. Durch den Einsatz von Layer-3-Switches wird die Kommunikation über den Router vollständig umgangen.

## Priorisierung und geringere Verzögerungszeiten

Einige Applikationen, wie die zur Video- oder Sprachübermittlung, benötigen inzwischen eine hohe Bandweite und gleichbleibende Verzögerungszeiten im Netz. Dies muß auch dann im Netz gewährleistet werden, wenn während des Transports der Videodaten zusätzliche Lastspitzen auftreten. Ein Layer-3-Switch muß daher eine Prioritätsfunktion implementiert haben, um über gesamte Intranetze hinweg eine gleichbleibende Verzögerungszeit zu garantieren. Da bei den meisten Layer-3-Switches die Routing/Switching-Funktionen auf Basis von Hardware-Implementationen realisiert werden, kann die gesamte Schicht 3 wesentlich schneller und effizienter als bei reinen Software-Implementationen abgearbeitet werden. Die in den ASICs implementierten Protokolle der Schicht 3 treffen bereits auf der untersten Ebene die Entscheidung für die Weiterleitung der Informationen.

## Einsatz herkömmlicher Protokolle vereinfacht die Migration

Da durch den Einsatz von Layer-3-Switches keine neuen Protokolle in das Netz integriert werden müssen, können diese neuen Internetworking-Komponenten problemlos in bestehende Netzinfrastrukturen eingebunden werden. In der Regel setzen die Netzbetreiber diese Geräte zunächst als reinen Layer-2-Switch mit hoher Leistung ein. Erst nach Abschluß der Konfiguration des Layer-3-Switches für die Verarbeitung der Pakete auf der Schicht 3 (Routing), wird der Datenverkehr zwischen den jeweiligen Subnetzen bzw. Endgeräten direkt vermittelt. Die IP-Performance wird dadurch deutlich gesteigert und die Last auf den im Netzzentrum eingesetzten Routern verringert.

## Erhöhte Flexibilität und Leistung

Die heute verfügbaren Switch- und Router-Komponenten weisen von den benutzten Funktionen abhängige Leistungsmerkmale auf. Beispielsweise kann der Aufbau von regel-

Shared Hub

10/100 MBit/s
Layer-2-Switch

10/100 MBit/s
Autosensing Desktop
Layer-2-Switch

Shared Hub

100/1000BASE-X

100/1000BASE-X
IP Server

*Layer 3 Switching*

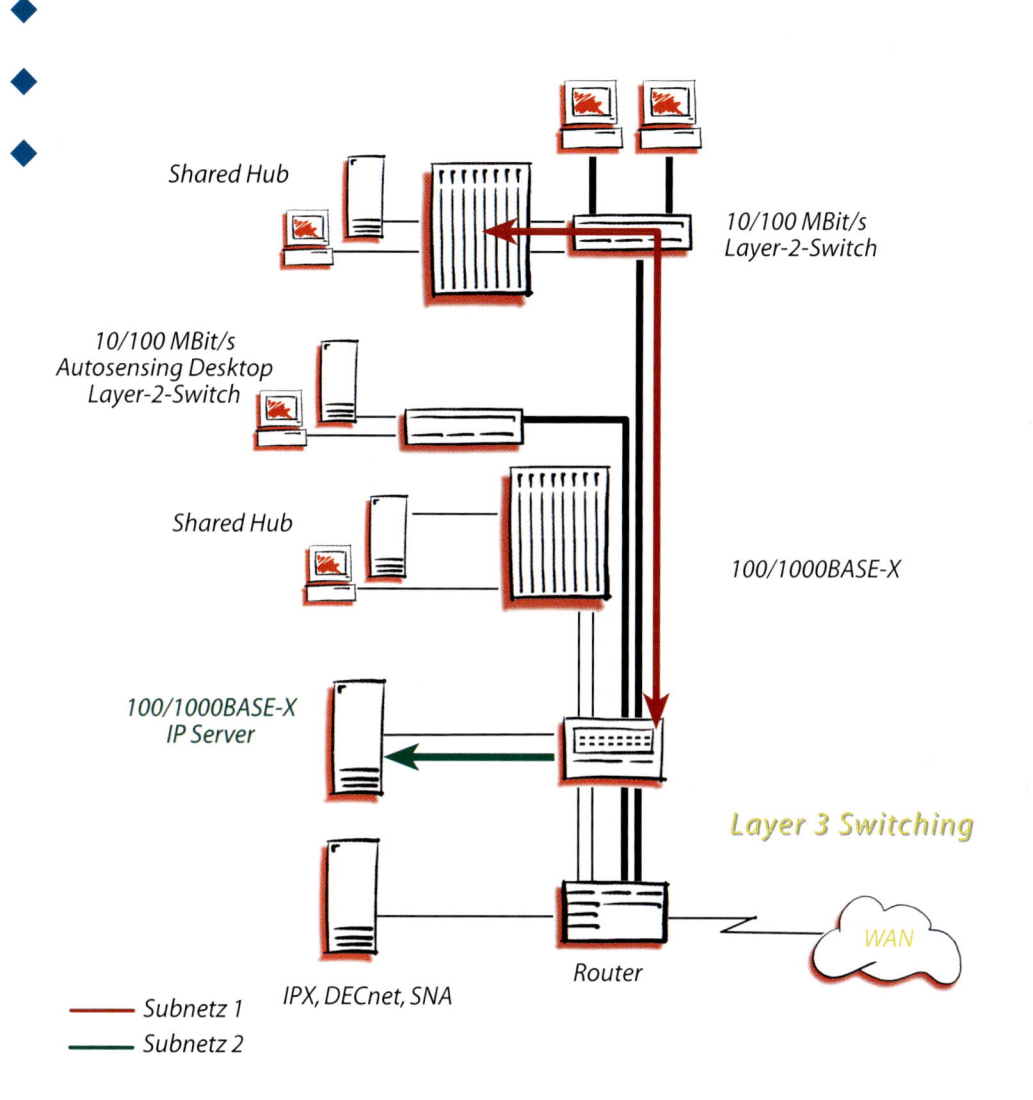

WAN

IPX, DECnet, SNA

Router

— Subnetz 1
— Subnetz 2

*Frame Switched Networks*

basierenden VLANs die Leistung einiger Switches um bis zu fünfzig Prozent verringern. Werden bei heute verfügbaren Routern moderne Priorisierungsverfahren implementiert, führt dies ebenfalls zu hohen Leistungseinbußen. Die Erklärung hierfür ist einfach: Die Funktionalitäten (beispielsweise VLAN-Kommunikation und Priorisierung des Datenverkehrs), die herkömmliche Switch- und Router-Lösungen gewährleisten, wird über die jeweilige CPU realisiert. Je mehr Prozesse über die CPU abgewickelt werden, desto länger dauert die Ausführung der jeweiligen Prozesse. Durch die Integration dieser Funktionen in Layer-3-Switch-ASICs kann die Leistung des Netzes skalierbar umgesetzt werden und somit werden die oben beschriebenen Funktionen mit einer gleichbleibend hohen Leistung abgearbeitet.

## Adaptive Networking als Grundlage modener Netzumgebungen

Auch in Zukunft werden in Netzen kontinuierlich neue Verkehrsmuster entstehen, die erhöhte Anforderungen an die Antwortzeiten stellen und nicht vorhersehbare Konsequenzen hinsichtlich der Netz-Performance mit sich bringen. Adaptive Networking lautet die Antwort, die aufgrund ihrer technischen Lösung den Netzbetreibern und Unternehmen eine optimale Sicherheit für die Zukunft gibt. Die von Bay Networks auf dem Adaptive-Networking-Konzept aufgebauten Netzarchitekturen garantieren ein unbegrenztes Wachstum der Netze und sorgen für eine problemlose Anpassung der Geschäftsabläufe eines Unternehmens an die jeweiligen Anforderungen. Mit der Bay Networks Adaptive-Networking-Strategie erhalten die Netzbetreiber die Versicherung, daß die Unternehmensdaten und unternehmenskritischen Applikationen nie weiter als einen Mausklick vom Benutzer entfernt sind. Durch das Adaptive-Networking-Konzept werden dem Netzbetreiber leistungsstarke Ende-zu-Ende-Lösungen in Form von durchgängigen Produktlinien in den verschiedensten Netzbereichen angeboten. Durch das Bay Networks-Komplettangebot wird ein einfacher und kostengünstiger Zugang zu den Informationen eines Unternehmens erreicht. Gleichzeitig wird durch integrierte Redundanzfunktionen für eine höhere Netzzuverlässigkeit gesorgt. Dies hat somit einen direkten Einfluß auf die Erhöhung der Produktivität einzelner Mitarbeiter und des gesamten Unternehmens. Dadurch ist ein positiver wirtschaftlicher Effekt bis in sämtliche Ebenen des Unternehmens meßbar. Durch die Adaptive Networking-Lösungen von Bay Networks werden die Vorteile des Gesamtkonzepts zum ersten Mal in klare geschäftliche Vorteile umgesetzt und somit zum festen Bestandteil der neuen Kommunikationsphilosophie.

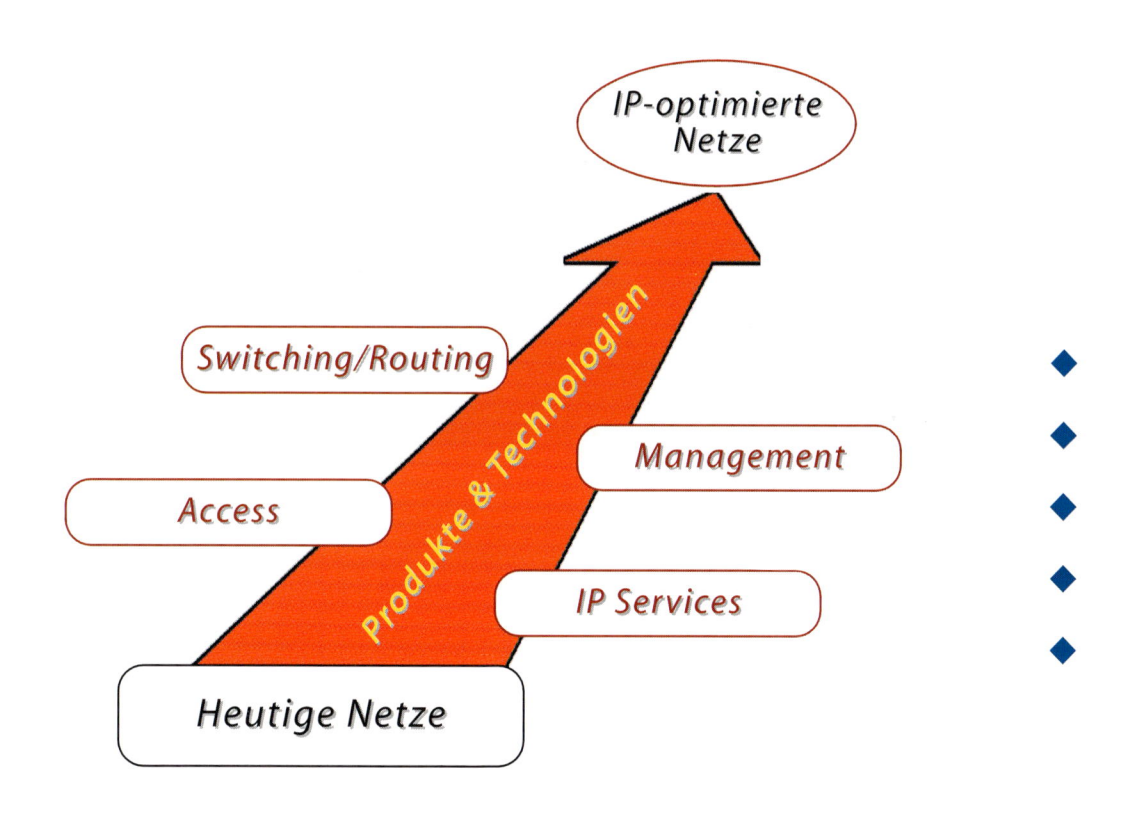

*Adaptive Networking*

**Bay Networks**

# Accelar Routing Switches

Die beiden dringendsten Probleme in heutigen Netzen sind die Bereitstellung von mehr Bandbreite im Backbone, verbunden mit einem abgestuften Bandbreitenkonzept im Steig- und Teilnehmerbereich sowie die Beseitigung von Engpässen bei der Intersubnetzkommunikation, die durch die traditionellen Router hervorgerufen werden.

Für diese beiden Anwendungsfälle bieten die Accelar Routing Switches von Bay Networks eine schlüssige Lösung. Die Accelar-Systeme stellen Routing- und Switching-Funktionen im gleichen Gehäuse bereit. Insofern können sie als Schicht-2-Switch zur Umsetzung von flachen Netzen sowie als kombinierter Schicht-2/3-Switch eingesetzt werden. Im letzteren Fall entlasten sie den zentralen Backbone-Router bei der Weiterleitung von IP-Paketen zwischen Subnetzen bzw. VLANs auf Schicht 3; Nicht-IP-Protokolle leiten sie an den Default-Router zur Bearbeitung weiter. Die Paketweiterleitung auf Schicht 2 und 3 erfolgt jeweils bei Leitungsgeschwindigkeit, so daß die Performance im Vergleich zu traditionellen Router-Systemen wesentlich erhöht wird. Da die Accelar Routing Switches die verbreitetsten Routing-Protokolle wie RIP und OSPF unterstützen, können sie in jede vorhandene Router-Umgebung integriert werden oder aber in einer reinen IP-Umgebung die vollständige Routing-Funktion erbringen.

Die Accelar Routing Switches bieten ferner Schnittstellen für dedizierte 10-MBit/s-, Fast-Ethernet- und Gigabit-Ethernet-Verbindungen, so daß sie Anwendern, die eine reine frame-basierende Netzlösung bevorzugen, die Möglichkeit bieten, ein abgestuftes Bandbreitenkonzept über alle Netzbereiche hinweg zu realisieren. Durch RSVP-Unterstützung sowie durch Verkehrspriorisierung kann außerdem Quality-of-Service (QoS) für bestimmte Verkehrs-, Protokoll- oder Endgerätypen garantiert werden.

Die Accelar Routing Switches werden in drei Gehäusevarianten angeboten, so daß wirtschaftliche Lösungen sowohl für das Backbone-Netz als auch für den Teilnehmeranschluß zur Verfügung stehen. Die Routing Switches sind in das Netzmanagementsystem Optivity ab Version 8.01 integriert.

## Systemarchitektur

Die Accelar-1000-Systeme stellen Switching-Funktionen auf Schicht 2 und Routing-Funktionen für IP-Verkehr auf Schicht 3 bei Leitungsgeschwindigkeit bereit. Um die Paketweiterleitung zu beschleunigen, erfolgt die Weiterleitungsentscheidung nicht durch den Prozessor, sondern hardware-basierend durch Application Specific Integrated Circuits (ASICs). Durch dieses Systemdesign kann Verkehr mit Hilfe von standardisierten Protokollen wie RIPv2, OSPF, DVMRP und PIM ohne Performance-Verlust zwischen Subnetzen geroutet werden.

Die Accelar-1000-Systeme bestehen aus zwei Basisbaugruppen, der Silicon Switch Fabric (SSF) und den I/O-Port-Modulen. Die SSF-Baugruppe als Switch-Kern übernimmt die Paketvermittlung. Die I/O-Port-Module bilden die Schnittstellen zum Netz, speichern die Pakete und lösen die Adressen auf.

## Silicon Switch Fabric

Die SSF-Baugruppe vermittelt die Pakete und führt alle Protokollfunktionen aus, wie Spanning Tree, Bridge Learning-Funktionen, RIPv2, OSPF, DVMRP und PIM. Die von der CPU ermittelten Routing- und Bridging-Tabellen werden in einem Hauptspeicher mit 16 MByte gespeichert. Die Informationen für die Paketweiterleitung werden aus den Routing-Tabellen gewonnen und an die sog. Forwarding Engines (ASICs) auf allen I/O-Modulen weitergegeben. Die Paketweiterleitungsentscheidung erfolgt lokal auf jedem I/O-Modul. Dafür ist jedes Modul mit mehreren ASICs ausgerüstet.

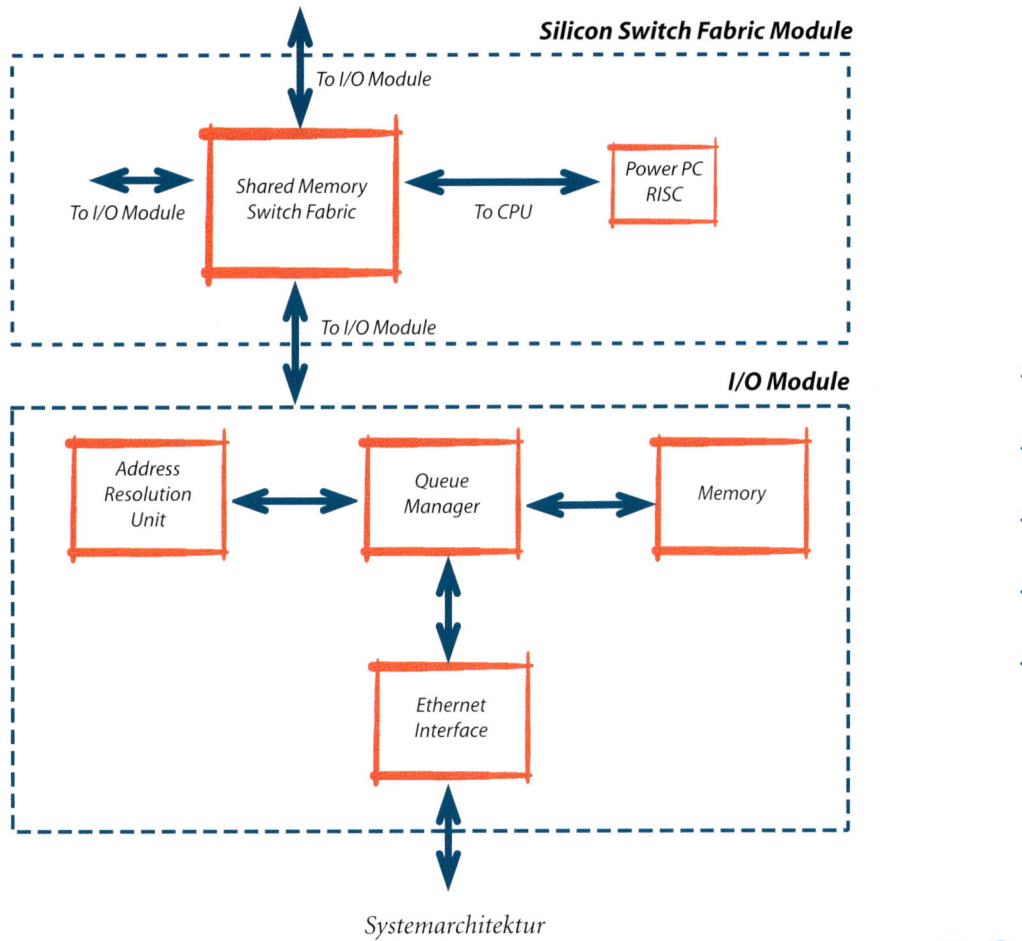

*Systemarchitektur*

Der Switch-Kern basiert auf einem zentralen Speicher mit 15 GBit/s, so daß ein Durchsatz von 7 GBit/s im Vollduplexbetrieb unterstützt wird. Ein Teil der Speicherkapazität wird für Warteschlangen zur Zwischenspeicherung von Paketen reserviert. Es gibt Warteschlangen für Verkehr mit niederer und hoher Priorität sowie für jeden Ausgangs-Port.

## I/O-Module

Die I/O-Port-Module bilden die Schnittstellen zum Netz, treffen die Weiterleitungsentscheidung, speichern die Pakete und lösen die Adressen auf. Sie führen alle Funktionen auf dem Physical Layer und dem Media Access Control Layer (MAC) aus. Die Address Resolution Unit (ARU) kann bis zu 24 000 MAC-Adressen für Weiterleitungsentscheidungen für Routing- und Bridging-Verkehr speichern. Jede ARU bedient entweder einen Gigabit-Port oder vier Fast-Ethernet-Ports. Durch die lokale Speicherung der Weiterleitungsinformation kann die Forwarding Engine unabhängig vom Prozessor die Adressen auflösen und die Paket weiterleiten. Die Forwarding Engine überprüft außerdem jedes Paket daraufhin, ob es mit Priorität behandelt werden muß. Prioritäten können nach unterschiedlichen Kriterien definiert werden, z.B. auf Port-Basis, auf Basis der VLAN ID, nach dem Multicast-Ziel oder für IP-Verkehr (RSVP).

Pakete müssen grundsätzlich vor der Übertragung in einer der beiden Warteschlangen zwischengespeichert werden, da die Switch Fabric schneller als die I/O-Ports ist. Jeder Gigabit-Ethernet-Port und jeder Fast-Ethernet-Port hat einen Ausgangsspeicher mit 1 MByte.

## Unicast-Weiterleitung

Bei jedem ankommenden Paket überprüft die Forwarding Engine die Adresse, bestimmt den Ausgangs-Port und ergänzt bzw. erneuert, falls notwendig, das Cyclical Redundancy Check- (CRC), MAC- oder Time-to-Live-(TTL)-Feld. Es wird ein Header erstellt, der die interne Adresse des Eingangs- und Ausgangs-Ports enthält. Wenn das Paket Verkehr mit einer bestimmten Priorität enthält, bekommt der Header einen entsprechenden Prioritätenvermerk. Jedes Paket wird bei Leitungsgeschwindigkeit in Zellen fragmentiert und in eine Unicast-Warteschlange des Switches gestellt. Die Zellen werden dann von der Switch Fabric auf Basis der internen Ausgangs-Port-Information im Header zum Zielausgangs-Port geleitet. Bis zur Übertragung werden die Pakete in einer der Warteschlangen für Verkehr mit hoher oder niederer Priorität zwischengespeichert.

## Multicast- und Broadcast-Weiterleitung

Bei Eingang eines Pakets überprüft die Forwarding Engine die Multicast-Einträge in der Weiterleitungstabelle und erstellt das interne Multicast-Label, das die Liste derjenigen Ports enthält, die zur betroffenen Multicast-Gruppe gehören. Port-Listen sind in unterschiedlichen Baugruppen im Switch gespeichert. In der Switch Fabric werden aufgrund des Multicast-Labels die Module sowie die Ausgangs-Ports auf den Modulen identifiziert, die zur Multicast-Gruppe gehören. Durch Benutzung von Multicast-Labels und Gruppenzugehörigkeitslisten können die Paketweiterleitungsentscheidungen im Switch verteilt werden, ohne die Performance zu beeinträchtigen. Broadcasts werden wie Multicasts behandelt. Broadcast-Pakete werden an alle Ports weitergeleitet, die zum gleichen VLAN gehören.

## Redundanzen

Management- und Vermittlungsfunktionen sind bei den Accelar Switches verteilt, dadurch ist von einem Ausfall nie das Gesamtsystem betroffen. Zusätzlich sind die wichtigsten Hardwarekomponenten redundant ausgelegt, z.B. das Switch Fabric CPU-Modul und die Stromversorgung. Alle Module sind bei laufendem Betrieb installierbar. Des weiteren können Gigabit-Ethernet-Verbindungen im sog. LinkSafe-Mode geschaltet und ausfallsicher aufgebaut werden. Fällt die Hauptverbindung aus, schaltet das System automatisch auf die Ersatzverbindung um.

## Software-Leistungsmerkmale

Die Switch-Software stellt Management- und Internetworkingfunktionen, beispielsweise VLAN-Administration, Routing-, Multicast- und Quality-of-Service-Funktionen, für alle Accelar Routing Switches zur Verfügung.

## VLANs

Die Accelar Routing Switches unterstützen die Bildung von VLANs auf Port-Basis und nach Verkehrstypen. Durch VLAN-Tagging nach IEEE 802.1Q können sich VLANs über mehrere miteinander verbundene Routing Switches erstrecken.

Bei einem port-basierenden VLAN werden ein oder mehrere Ports zu einem VLAN gruppiert. Pro Switch ist die Bildung mehrerer port-basierender VLANs möglich. Jedes port-basierende VLAN unterstützt unterschiedliche Verkehrsprotokolle. Port-basierende VLANs gehören zur Gruppe der statischen VLANs, d.h. jeder Port wird per Definition einmal einem bestimmten VLAN zugeordnet; die Zuordnung kann nur vom Netzmanager zurückgenommen oder geändert werden. Der Vorteil port-basierender VLANs ist hohe Sicherheit und direkte Eingriffmöglichkeiten durch den Netzverantwortlichen.

VLANs können auch nach Verkehrsanforderungen, z.B. nach Protokollen, nach Subnetzadressen, gebildet werden. VLANs auf Verkehrsbasis werden dynamisch gebildet, d.h. ein Port wird Mitglied z.B. eines protokoll-basierenden VLANs, wenn die Station den entsprechenden Verkehrstyp sendet. Pro Port sind mehrere unterschiedliche Verkehrsdefinitionen möglich. Verkehr mit unterschiedlichen Anforderungen, der von ein und derselben Station mit der gleichen MAC-Adresse gesendet wird, kann daher unterschiedlichen VLANs zugeordnet werden. Unterstützt beispielsweise ein Endgerät sowohl das AppleTalk- als auch das IP-Protokoll, kann der AppleTalk-Verkehr über das AppleTalk-VLAN und der IP-Verkehr über das IP-VLAN abgewickelt werden.

Die Routing Switches unterstützen des weiteren Schicht-3-Protokoll-VLANs. Für jedes Schicht-3-Protokoll können ein oder mehrere VLANs gebildet werden, die sich entweder auf einen oder über 802.1Q-VLAN-Tagging auch über mehrere Switches erstrecken können.

## VLAN Trunking nach 802.1Q und Spanning Tree

Mit 802.1Q-Trunking kann VLAN-Verkehr auf Verbindungen zwischen Switches separiert werden, indem jedes Paket nach 802.1Q gekennzeichnet wird (tag). Die Accelar-Systeme erlauben die Bildung mehrerer Spanning-Tree-Gruppen auf Verbindungen zwischen den Switches. Jeder Spanning-Tree-Gruppe können ein oder mehrere VLANs zugeordnet werden.

## Routing

Unter Routing versteht man die Wegekalkulation und Weiterleitung von Paketen in Übereinstimmung mit den Schicht-3-Protokollen. „Wegekalkulation" bedeutet Bestimmung des Wegs zu einem Ziel; dieses kann ein Netz, Subnetz oder Endgerät sein. Die Accelar-Systeme unterstützen sowohl die manuelle Wegekonfiguration als auch die dynamische Wegebestimmung über Routing-Protokolle wie RIPv1, RIPv2 oder OSPF.

Jeder Port eines Switches kann als dedizierter IP-Router-Port konfiguriert werden. In dieser Betriebsweise werden IP-Pakete an diesem Port ausschließlich geroutet; Bridging wird nicht mehr unterstützt. Soll Bridging unterstützt werden, muß der Port als VLAN-Port konfiguriert und mit einer IP-Adresse versehen werden.

In einer IP-Umgebung ist ein VLAN üblicherweise mit einem Subnetz identisch, das gleichzeitig eine Broadcast/Multicast-Domain und einen Sicherheitsbereich darstellt. Um Verkehr zwischen IP-Subnetzen/VLANs zu routen, kann ein Port als virtueller Router-Port konfiguriert werden. Die Accelar-1000-Systeme unterstützen Routing zwischen VLANs ohne Performance-Verlust.

Die Accelar-Systeme unterstützen IP-Multicasts entsprechend dem IGMP-Standard. Das heißt, IP-Multicast-Pakete können gleichzeitig an eine Gruppe von Systemen gerichtet werden. Die Accelar-Systeme unterhalten hierzu Listen derjenigen Ports, die einer Multicast-Gruppe angehören. Nur an diese Ports werden Multicast-Pakete geschickt. Zur Pflege der Weiterleitungstabellen für Multicasts wird das DVMRP-Multicast-Routingprotokoll verwendet.

## *Quality-of-Service*

Die Accelar-1000-Systeme erlauben mehrere QoS-Level entweder über IP-Verkehrsflußerkennung, -Priorisierung oder über RSVP.

Die Routing Switches unterstützen Bandweitenreservierung über RSVP. Das RSVP-Protokoll wird allerdings nur dann benötigt, wenn die Applikation in der Lage ist, QoS über RSVP anzufordern. Bisher gibt es nur wenige solcher Applikationen.

Die gängigere Art der QoS-Unterstützung ist deshalb die über Verkehrspriorisierung. Die Accelar-1000-Systeme priorisieren Verkehr durch Benutzung von Warteschlangen und Header-Kennzeichnung. Jedes Paket wird bei seiner Übertragung durch die Switch Fabric mit einem Header versehen. Der Header enthält eine Information über die Verkehrspriorität, die durch die Forwarding Engine am Eingangs-Port bestimmt wurde. Wenn das Paket den Switch durchläuft, wird es, je nach Vermerk im Header, in die entsprechende Warteschlange für Verkehr mit hoher oder niederer Priorität gestellt. Pakete mit hoher Priorität werden vor Paketen mit niederer Priorität weitergeleitet.

Die Möglichkeit der Verkehrspriorisierung nach unterschiedlichen Kriterien gibt dem Netzmanager die Möglichkeit, Teile oder die gesamte Bandbreite für eine bestimmte Applikation bzw. eine bestimmte Arbeitsgruppe zur Verfügung zu stellen.

| Kriterium für Verkehrspriorisierung | Beschreibung |
|---|---|
| Port | Priorisiert Verkehr, der an einem Port ankommt. |
| VLAN | Priorisiert Verkehr von bestimmten Arbeitsgruppen oder geschäftskritischen Applikationen. |
| Multicast-Ziel | Multimedia-Verkehr, der an eine bestimmte Gruppenadresse gerichtet ist und eine Arbeitsgruppe repräsentiert, erhält Vorrang. |
| IP-Verkehrsfluß | In diesem Fall erhalten solche Daten max. Bandbreite, die Priorität über RSVP anfordern oder für die eine Verbindung statisch konfiguriert wurde; möglich für Routing- und Bridging-Verkehr. |

*Möglichkeiten der Verkehrspriorisierung mit den Accelar Routing Switches*

## *Netzmanagement*

Die Accelar-1000-Systeme sind mit einem SNMP-Management konfigurier- und überwachbar, das ab Version 8.01 in das Netzmanagementsystem Optivity integriert ist.

Die Routing Switches unterstützen des weitern den RMON-Standard für Ethernet, und zwar folgende Gruppen: Statistiken, Ereignisse der Vergangenheit, Alarme und Ereignisse.

## Systemtypen

Die Accelar Routing Switches stehen in drei Varianten zur Verfügung:
- Als modulare Version mit acht Steckplätzen (Accelar 1200)
- Als modulare Version mit vier Steckplätzen (Accelar 1250)
- Als Stand-alone-Switch mit 16 10/100BaseTX-Ports und zwei Erweiterungssteckplätzen

## Accelar 1200

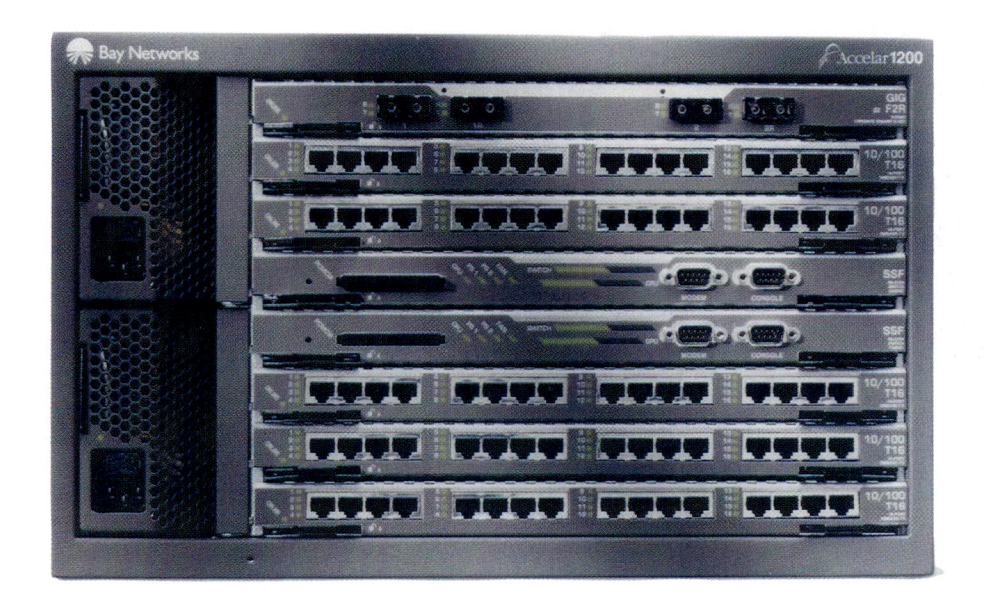

*Accelar 1200*

Accelar 1200 ist das High-end-System, das in erster Linie im Backbone oder zum Anschluß von Endgeräten mit hoher Bandbreite eingesetzt wird. Das Chassis ist modular und hat acht Steckplätze. Im Vollausbau bietet es maximal 96 10/100-MBit/s- oder bis zu zwölf

Gigabit-Ethernet-Ports. Die Steckplätze 4 und 5 (Mittelsteckplätze) sind für ein oder zwei (bei redundantem Betrieb) Silicon Switch Fabric CPU-Module (SSF CPU) reserviert; alle anderen Steckplätze können mit Switching-Modulen bestückt werden. Das Chassis hat zwei von vorn zugängliche 650-W-Stromversorgungen für Lastausgleich oder Redundanz.

Accelar 1200 bietet folgende Funktionen und Hauptleistungsmerkmale:

- Bildung von bis zu 127 VLANs auf Port- oder Protokollbasis
- Weiterleitungsperformance von bis zu sieben Millionen Paketen pro Sekunde bei Routing, Switching oder Kombination
- IP-Routing bei 10/100-MBit/s- und Gigabit-Anwendungen bei Leitungsgeschwindigkeit
- Bis zu zwölf Gigabit-Ethernet-Ports für Verbindungen zu anderen Switches oder zum Anschluß von Servern
- Switch Fabric mit 15 GBit/s, d.h. 7 GBit/s Durchsatz bei Vollduplexbetrieb
- Unterstützung von bis zu 24 000 MAC-Adressen, und damit großer Netze
- Redundante Verbindung mit LinkSafe
- Komplett redundante Auslegung von SSF-Modul und Stromversorgung
- Grafisches Netzmanagement

## Accelar 1250

Accelar 1250 ist ebenfalls modular und hat vier Steckplätze. Der Routing Switch unterstützt maximal sechs Gigabit-Ethernet- oder 48 10/100-MBit/s-Ports. Steckplatz 4 ist für ein SSF CPU-Modul reserviert; alle anderen Steckplätze sind beliebig mit Switching-Modulen bestückbar. Das Chassis hat eine von vorn zugängliche 650-W-Stromversorgung.

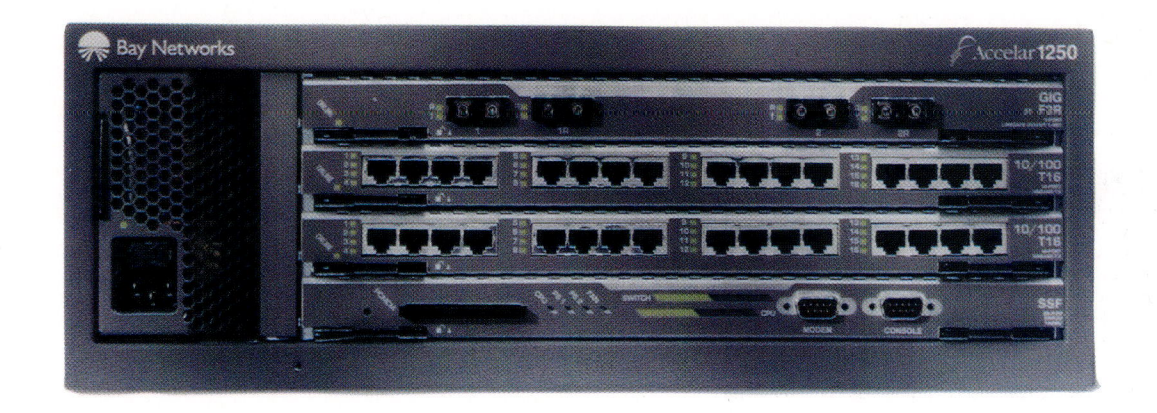

*Accelar 1250*

Accelar 1250 bietet folgende Funktionen und Hauptleistungsmerkmale:

◆ Bildung von bis zu 128 VLANs auf Port- oder Protokollbasis
◆ Weiterleitungsperformance von bis zu fünf Millionen Paketen pro Sekunde bei Routing, Switching oder Kombination
◆ Redundante Verbindung mit LinkSafe
◆ Komplett redundante Auslegung von SSF-Modul und Stromversorgung
◆ Grafisches Netzmanagement

Für Accelar 1200 und 1250 stehen folgende I/O-Module zur Verfügung:

## Silicon Switch Fabric CPU-Module

Das SSF CPU-Modul führt die Vermittlungsfunktionen zwischen den I/O-Modulen und der Systemsteuerung aus. Jedes Chassis muß mit mindestens einem CPU-Modul im dafür vorgesehenen Steckplatz bestückt sein.

Die Gehäuse 1200 und 1250 können optional mit zwei SSF-Modulen bestückt und so ausfallsicher konfiguriert werden. Ist dies der Fall, legen die SSF-Module während der Einschaltung des Switches selbst fest, welches aktiv und welches im Standby-Betrieb geschaltet ist. Die Kommunikation erfolgt über eine serielle Verbindung an der Rückwand. Die Konfiguration des aktiven SSF-Moduls wird auf das Standby-Modul gespiegelt. Fällt das aktive SSF-Modul aus, übernimmt das Standby-Modul automatisch mit der gleichen Konfiguration, inklusive Spanning-Tree- und Routing-Tabellen, dessen Betrieb.

Die Codespeicherung erfolgt auf einer Flash-Karte mit 4 MByte sowie auf einer PCMCIA-Flash-Karte. Das SSF CPU-Modul hat zwei Konsolen-Ports mit neunpoligem DB-Stecker zum Anschluß eines ASCII-Terminals oder Modems.

## 8-Port 100BaseFX-Modul

Modul mit acht 100BaseFX-Switch-Ports mit SC-Stecker für Multimode-Glasfaserkabelverbindungen und Vollduplexbetrieb.

## 16-Port Autosensing 10/100BaseTX-Modul

Modul mit 16 Switch-Ports mit RJ45-Stecker, die vom System automatisch als 10BaseT- oder 100BaseTX-Ports konfiguriert werden. Alle Ports sind MDI-X-Ports für Halb- oder Vollduplexbetrieb.

### 1000BaseSX-Module

Die 1000BaseSX-Module haben einen oder zwei Switch-Ports (mit SC-Stecker) nach IEEE 802.3z für Steigbereichs-, Server- oder Switch-Verbindungen. Bei Verwendung von Multimode-Glasfaserkabel mit 62,5 µm werden bis zu 260 m, bei Multimode-Glasfaserkabel mit 50 µm bis zu 440 m unterstützt. Die Ports unterstützen ausschließlich Vollduplexbetrieb. Sie können im LinkSafe-Mode als redundante Verbindungen konfiguriert werden.

### 1000BaseLX-Module

Die 1000BaseLX-Module haben einen oder zwei Switch-Ports (mit SC-Stecker) nach IEEE 802.3z für Verbindungen mit Singlemode-Glasfaserkabel bis 3 km Entfernung. Die Ports unterstützen ausschließlich Vollduplexbetrieb. Sie können im LinkSafe-Mode als redundante Verbindungen konfiguriert werden.

## *Accelar 1100*

Accelar 1100 ist ein Stand-alone-Gerät. Die CPU-Einheit ist fest eingebaut. Das Chassis hat ab Werk 16 fest vorkonfigurierte 10/100-MBit/s-UTP-Ethernet-Ports mit automatischer Geschwindigkeitserkennung und -einstellung sowie zwei Erweiterungssteckplätze, die frei mit Switching-Modulen bestückt werden können.

Die eingebaute SSF CPU führt die Vermittlungsfunktionen zwischen den I/O-Modulen, den fest eingebauten Ports und der Gesamtsystemsteuerung aus. Die Vermittlungsfunktionen werden über einen PowerPC realisiert. Dieser steuert des weiteren die Bridging- und Routing-Funktionen, errechnet die Weiterleitungsdatenbank und verteilt die Weiterleitungsinformationen in die lokalen Adressenspeicher auf den Switching-Modulen.

*Accelar 1100*

Accelar 1100 kann mit einer zweiten Stromversorgung bestellt werden, die zum Lastausgleich oder als redundante Stromversorgung eingesetzt werden kann.

Für Accelar 1100 stehen folgende I/O-Module zur Verfügung:

## *4-Port 100BaseFX-Modul*

Modul mit vier 100BaseFX-Switch-Ports mit SC-Stecker für Verbindungen mit Multimode-Glasfaserkabel für Betrieb im Halb- oder Vollduplex-Mode.

## 8-Port 10BaseT/100BaseTX-Modul

Modul mit acht 10BaseT-/100BaseTX-Switch-Ports (MDI-X-Ports; RJ45-Stecker) mit automatischer Geschwindigkeitserkennung und -einstellung für Betrieb im Halb- oder Vollduplex-Mode.

## 1000BaseSX-Module

Die 1000BaseSX-Module haben einen oder zwei Switch-Ports (mit SC-Stecker) nach IEEE 802.3z für Steigbereichs-, Server- oder Switch-Verbindungen. Bei Verwendung von Multimode-Glasfaserkabel mit 62,5 µm werden bis zu 260 m, bei Multimode-Glasfaserkabel mit 50 µm bis zu 440 m unterstützt. Die Ports unterstützen ausschließlich Vollduplexbetrieb. Sie können können im LinkSafe-Mode als redundante Verbindungen konfiguriert werden.

## 1000BaseLX-Module

Die 1000BaseLX-Module haben einen oder zwei Switch-Ports (mit SC-Stecker) nach IEEE 802.3z für Verbindungen mit Singlemode-Glasfaserkabel bis drei Kilometer Entfernung. Die Ports unterstützen ausschließlich Vollduplexbetrieb. Sie können im LinkSafe-Mode als redundante Verbindungen konfiguriert werden.

## Anwendungen

Die Routing-Switches eignen sich zum Einsatz in allen Netzbereichen und für alle Netzanwendungen, z.B.:

- zum Anschluß von Hochleistungsarbeitsgruppen über Gigabit-Ethernet-Verbindungen an lokale Server
- zum Aufbau von Server-Farmen
- zum Anschluß von Abteilungs- und Etagennetzen über dedizierte 10- oder 100-MBit/s-Verbindungen an ein Gigabit-Ethernet-Backbone
- zum Aufbau eines Campus-Backbone-Netzes

Generell bieten die Routing Switches eine Antwort auf die beiden dringendsten Netzprobleme heute: Sie ermöglichen die Einführung von Hochleistungs-Backbone-Netzen auf Basis eines abgestuften Bandbreitenkonzepts zwischen Backbone, Steigbereich und Teilnehmer. Und sie lösen das durch die traditionellen Router eingeführte Problem der Verzögerung bei der Kommunikation zwischen Subnetzen und VLANs.

Accelar 1200 ist vor allem für den Aufbau von großen Gigabit-Ethernet-Backbone-Netzen mit Collapsed Backbone-Struktur sowie zur Behebung von Engpässen bei der Kommunikation zwischen VLANs mit IP-Verkehr konzipiert. Accelar 1250 ist für die gleiche Anwendung in Netzen mittlerer Größe geeignet. In dieser Konfiguration wird der Routing Switch im zentralen DV-Raum oder Netzzentrum installiert und über 1000BaseLX- oder 1000BaseSX-Schnittstellenmodule mit anderen Switches auf dem Campus verbunden. Die Verbindungen zwischen den Routing Switches können jeweils redundant ausgelegt werden. Als Routing Switch im Netzzentrum dient Accelar 1200 als Sammelpunkt für die Verbindungen aus dem Steigbereich der Gebäude sowie als Anschlußpunkt für die zentralen Server. Diese können entweder mit 10 oder 100 MBit/s realisiert sein, so daß ein abgestuftes Bandbreitenkonzept zwischen Backbone (1000 MBit/s), Steigbereich (dediziert 10 oder 100 MBit/s) und Teilnehmer (10 MBit/s shared oder switched) möglich ist.

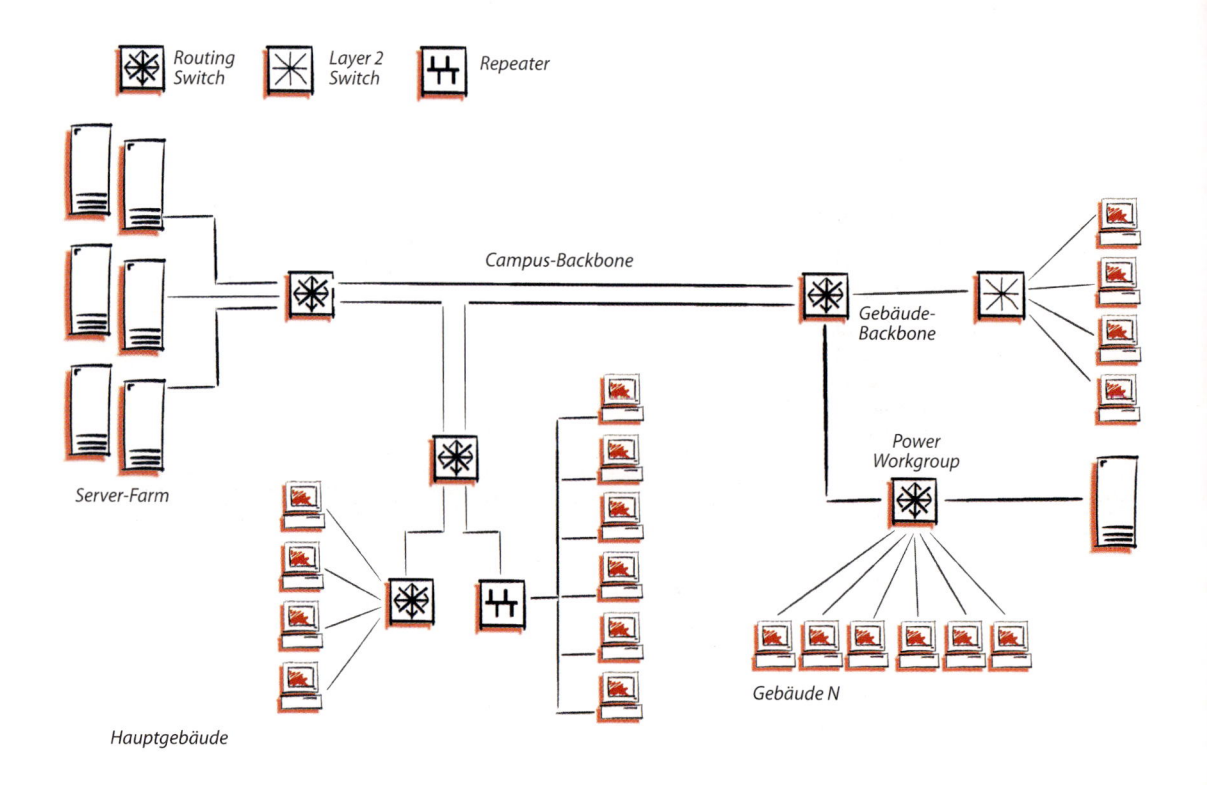

*Accelar-Systeme im unternehmensweiten Netz*

Durch Bereitstellung von Vermittlungsfunktionen auf Schicht 2 und Weiterleitungsfunktionen für IP-Verkehr auf Schicht 3 – jeweils bei Leitungsgeschwindigkeit – wird die Performance bei Kommunikationsvorgängen zwischen Subnetzen und VLANs erheblich verbessert. Da Accelar die verbreitetsten Routing-Protokolle wie RIP und OSPF unterstützt, kann er einfach in bestehende Router-Umgebungen integriert werden.

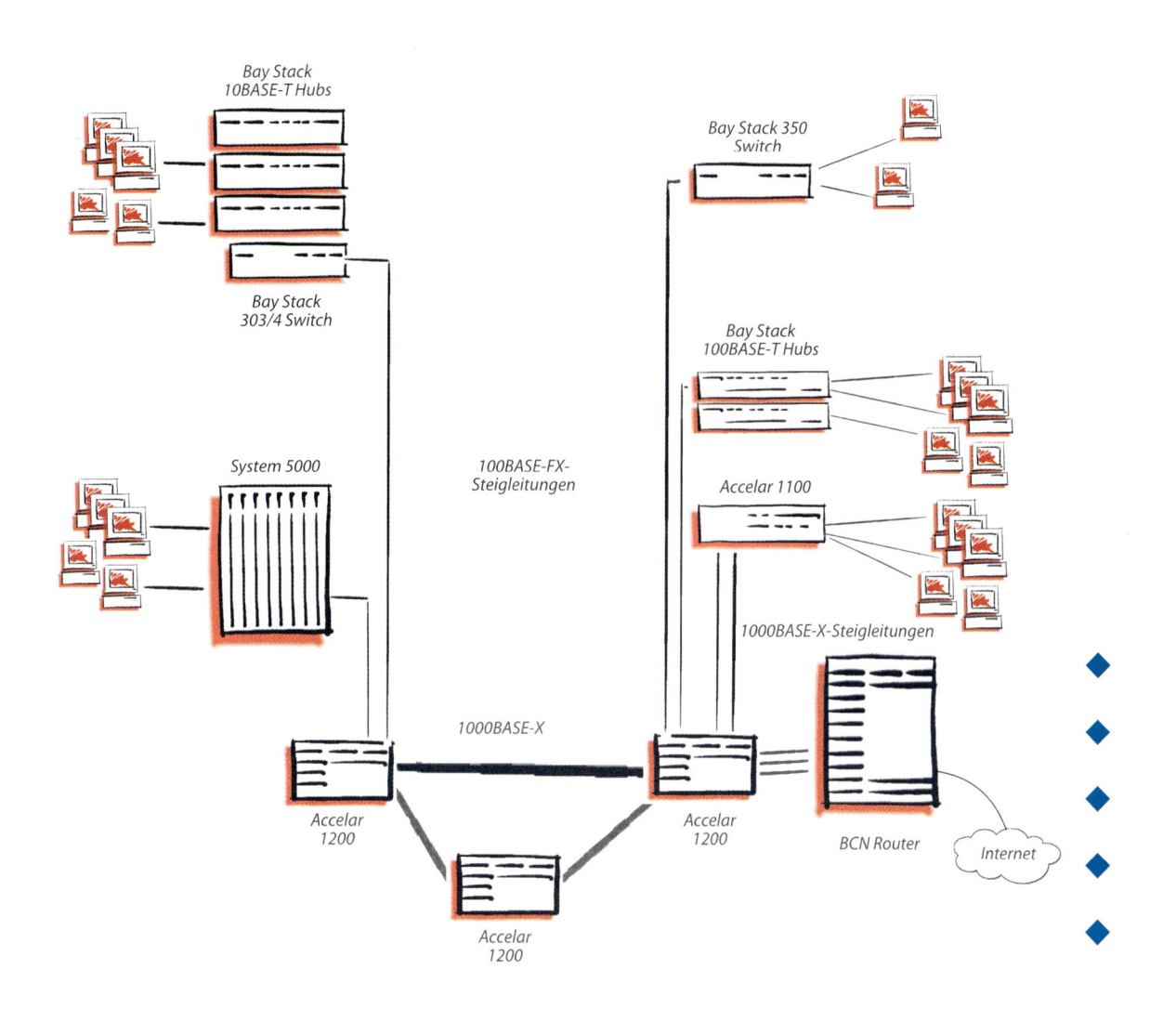

*Aufbau eines Gigabit-Ethernet-Backbone-Netzes mit Accelar 1200; Accelar 1100 im Teilnehmeranschlußbereich*

Accelar 1100 ist für den Teilnehmeranschlußbereich konzipiert. Zum Teilnehmer hin dient er als Layer-2/3-Switch. Er schließt dahinter geschaltete 100BaseT- oder 10/100BaseT-Hubs bzw. Teilnehmer mit dedizierten 10/100-Mbit/s-Verbindungen über eine 100BaseFX- oder 1000BaseFX-Verbindung an das Campus-Netz an. In Umgebungen mit großen Etagen/Abteilungsnetzen kann er als Konzentrationspunkt für mehrere 10/100-BaseT-Hubs dienen, die er über eine 1000BaseFX-Verbindung an das Backone-Netz anschließt. Ebenso kann er zum Aufbau von Server-Framen eingesetzt werden.

**Wolfgang Kemmler**
**Mathias Hein**

# Gigabit-Ethernet
## Der Standard – Die Praxis

**FOSSIL** Edition Netze

### Aus dem Inhalt

- Migration bestehender LAN-Technologien in einen Gigabit-Ethernet-Backbone
- aktuelle Planungsaspekte für vernünftig strukturierte Netzwerktopologien
- physikalische und wirtschaftliche Aspekte von Kupfer- und Glasfaserverkabelungen
- alle für die Praxis relevanten Teile des IEEE 802.3z Gigabit-Ethernet-Standards
- detaillierte Ausblicke auf den IEEE 802.3ab-Standard (1000BaseT)
- genauer Vergleich mit den weitverbreiteten 10BaseX- und 100BaseX-Verfahren
- Erklärung und Differenzierung von Fullduplex-Repeater, Switches, Bridges, Router und PC-Adapterkarten
- die wichtigen Netzwerkprotokolle und Netzwerkmanagementverfahren
- praxisorientierte Ratschläge

### Die Autoren

*Mathias Hein* ist Marketing Manager bei Bay Networks Deutschland. Seine berufliche Erfahrung im Netzwerkbereich sammelte er in verschiedenen Firmen des In- und Auslands in den Bereichen technischer Produktsupport, Vertrieb und Marketing. Er ist Autor zahlreicher Artikel und Bücher zu Kommunikationsthemen.

*Dipl.-Ing. Wolfgang Kemmler* studierte Elektrotechnik an der RWTH Aachen und ging dann als Applikationsingenieur zu AMD in Sunnyvale, USA. Zurück in Deutschland war er zunächst als Systemingenieur für Netzwerk-Controller bei Nixdorf in Paderborn tätig. Er zeichnet heute als Entwicklungsleiter bei der Compu-Shack-Production GmbH für die Entwicklung der Ethernet- und FDDI-Produktpaletten verantwortlich.

**FOSSIL** Verlag GmbH

Hartwichstraße 101 | 50733 Köln
fon 02 21.72 62 96 | fax 02 21.72 60 67
fossil@netcologne.de

Es zeichnet sich ab, daß der Gigabit-Ethernet-Standard die gesamte auf dem Ethernet-Verfahren beruhende Netzwerktechnologie weit ins nächste Jahrhundert tragen und den größten Teil der hastig wachsenden Datenmengen im Inter- und Intranet transportieren wird. Bitraten von 1000 Gigabit/s stellen aber mit ihren extremen Anforderungen an Kabel und Hardware nicht nur technologisch eine neue Dimension dar. Preiswerte Hochleistungs-PCs mit Multimedia-Programmen und Internet-Browsern – für jedermann verfügbar – haben die Anforderungen an heutige Rechnernetze deutlich verändert, und die Netzwerkadministratoren werden mit einer Fülle neuer Konzepte und Methoden konfrontiert.

Dieses Buch interpretiert nicht nur die technologische Seite des neuen Standards in allgemeinverständlicher Form, es ist auch ein fundierter Leitfaden für alle relevanten Fragen in modernen »Ethernetzen«.

ISBN 3-931959-10-4, 410 Seiten, geb., DM 89,50